CAMPUS
DEUTSCH ALS FREMDSPRACHE
DEUTSCH

B2
C1

PRÄSENTIEREN
UND DISKUTIEREN

Oliver Bayerlein

Hueber Verlag

Verlag und Autor bedanken sich bei Frau Ryo Yamao und der Nanzan Universität für die Unterstützung bei der Erstellung der Videoaufnahmen.

 Verweis auf die eingelegte CD-ROM, die Videos, Hörbeispiele, Präsentationsfolien im PDF-Format und Schreibvorlagen enthält. Diese Dateien können Sie auch über die App *Campus Deutsch* abrufen, die kostenlos im App Store und bei Google Play erhältlich ist.

6. 5. 4.   Die letzten Ziffern
2026 25 24 23 22   bezeichnen Zahl und Jahr des Druckes.
Alle Drucke dieser Auflage können, da unverändert,
nebeneinander benutzt werden.
1. Auflage
© 2014 Hueber Verlag GmbH & Co. KG, München, Deutschland
Redaktion: Andrea Haubfleisch, Frankfurt am Main
Umschlaggestaltung: Sieveking · Agentur für Kommunikation, München
Layout und Satz: Sieveking · Agentur für Kommunikation, München
Druck und Bindung: Passavia Druckservice GmbH & Co. KG, Passau
Printed in Germany
ISBN 978-3-19-201003-3

Art. 530_03047_001_04

Aufbau

PRÄSENTIEREN
Blitz und Donner
Seite 7

Eine Präsentation ist eine Chance:
Viele Leute hören Ihnen zu.

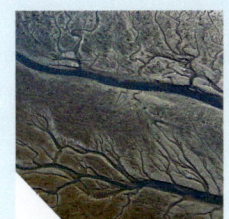

Präsentation 1
Die Gezeiten
Seite 21

Lassen Sie sich nicht von den vielen
Möglichkeiten Ihrer Präsentationssoftware
verführen.

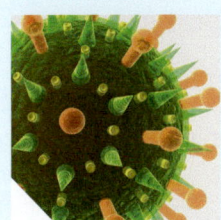

Präsentation 2
Die Grippe
Seite 31

Unterstützen Sie Ihre Aussagen mit
klaren, leicht verständlichen Diagrammen.

Präsentation 3
Die Antarktis
Seite 43

Üben Sie Ihren Vortrag,
bis Sie ihn beherrschen.

DISKUTIEREN
Windel oder PC?
Neuro-Enhancement
Seite 57

Streiten führt zu keinem Ziel.
Diskutieren schon.

MODERIEREN
Online-Shopping
Seite 73

Moderieren können heißt
aktiv zuhören können.

Inhalt

Blitz und Donner   PRÄSENTIEREN

Fehler bei der Gestaltung der Folien vermeiden · Fehler bei der mündlichen Präsentation vermeiden · Den Aufbau einer Präsentation verstehen · Text gestalten · Informationen visualisieren · Titel und Überschriften formulieren · Verben und Adjektive nominalisieren · Notizen für den Vortrag machen · Zielgruppe und Ziele festlegen · Eine Struktur erstellen · Die Funktion eines Handouts verstehen

Die Gezeiten   *Präsentation 1*

Einen Vortrag vorbereiten · Fragen zum Thema notieren · Die Anzahl der Folien bestimmen · Den Aufbau der Folien festlegen · Das Konzept der Folien festlegen · Bilder verwenden

Grippe und Grippeschutzimpfung   *Präsentation 2*

Zahlen anschaulich machen · Zahlen dosiert präsentieren · Informationen vereinfachen · Relevante Informationen filtern · Informationen für den Titel bestimmen · Die Inhaltsübersicht erstellen · Eine Schlussfolie entwerfen

Leben und Forschen in der Antarktis *Präsentation 3*

Begrüßungen formulieren · Eine Einleitung formulieren · Eine Infografik beschreiben · Die Aufmerksamkeit der Zuhörer lenken · Bilder, Grafiken und andere Medien ankündigen · Einen Vortrag abschließen · Die Zuhörer verabschieden · Einen Vortrag als Ganzes präsentieren

Windel oder PC? · Neuro-Enhancement DISKUTIEREN

Über den Zweck von Diskussionen nachdenken · Zielgerichtet diskutieren · Regeln bei einer Diskussion einhalten · Sich in einer Diskussion behaupten · Gesprächspartnern widersprechen · Eigene Argumentation berichtigen · Interkulturelle Aspekte einer Diskussion berücksichtigen · Standardformulierungen verwenden · Sachlich diskutieren · Polemik erkennen · Argumente recherchieren · Eine Debatte führen

Online-Shopping MODERIEREN

Eine Diskussion moderieren · Das Wort erteilen und entziehen · Fragen stellen · Einen Kompromiss erzielen

Vorwort

Die Reihe **Campus Deutsch** ist für Studierende am Übergang der Sprachausbildung zum eigentlichen Fachstudium konzipiert. Das Kursmaterial soll die Lernenden in die Lage versetzen, den Beginn ihres Fachstudiums (1./2. Semester) sprachlich und methodisch zu bewältigen.

In vier Bänden werden daher zum einen grundlegende Kompetenzen für das Fachstudium vermittelt und geübt:

> effektives **Lesen** von wissenschaftlichen Texten

> sachgerechtes und fesselndes **Präsentieren** von wissenschaftlichen Inhalten sowie überzeugendes **Diskutieren**

> verständliches **Schreiben** von wissenschaftlichen Textsorten

> ökonomische **Mitschrift** von Vorlesungen sowie aktives, strukturierendes **Hören** von wissenschaftlichen Vorträgen und Fachdiskussionen

Um ein Studium in einem deutschsprachigen Land erfolgreich bestehen zu können, sind zum anderen aber auch kulturelle Techniken notwendig, die jenseits der Sprache liegen. Daher bilden methodische Fertigkeiten neben den sprachlichen Kompetenzen einen weiteren Schwerpunkt: die Kenntnis von verschiedenen Wörterbüchern und Lexika, ein angemessenes Verhalten während der Präsentation vor Fachpublikum, der passende Schreibduktus beim Verfassen von Fachtexten – um nur einige zu nennen.

Das sprachliche Niveau der Reihe orientiert sich am Niveau B2/C1 des Europäischen Referenz-rahmens. Auf dieser Grundlage werden Lese- und Hörtexte angeboten sowie Schreib- und Präsentationsaufgaben gestellt. Die Texte und Aufgaben entstammen dem geistes- und natur-wissenschaftlichen Fächerkanon, wobei darauf geachtet wurde, dass sich die Inhalte in einem populärwissenschaftlichen Rahmen bewegen, sodass keine sehr speziellen Fachkenntnisse für das Verständnis notwendig sind.

Zu **Campus Deutsch** finden Sie im Internet unter www.hueber.de/campus-deutsch Lehrer-handbücher mit praktischen Tipps für den Einsatz im Unterricht. Mit den ebenfalls dort vor-handenen extensiven Lösungen kann **Campus Deutsch** auch zum Selbststudium verwendet werden.

Der Band **Präsentieren und Diskutieren** ist unterteilt in die Kapitel **Präsentieren, Diskutieren** und **Moderieren**. Die Kapitel selbst können unabhängig voneinander behandelt werden. Innerhalb der Kapitel bauen die verschiedenen Teile aufeinander auf. Das Kapitel **Präsentieren** beginnt mit einer Beispielpräsentation anhand derer verschiedene Grundlagen demonstriert werden. Diese Beispielpräsentation steht als Video zur Verfügung. Die Grund-lagen werden in drei Präsentationen, die von den Lernern erstellt werden, erweitert und ange-wendet. Im Kapitel **Diskutieren** werden Diskussionsformen vorgestellt, Redemittel erarbeitet und mit vielfältigen, motivierenden Aufgaben geübt. Realistische Hörbeispiele vermitteln ein Bild von authentischen Diskussionen. Im Kapitel **Moderieren** werden Techniken für Modera-toren entwickelt. Eine ausführliche Redemittelliste ist die Grundlage für die abschließende Diskussion mit einem Moderator.

Autor und Verlag wünschen Ihnen viel Spaß und Erfolg mit **Campus Deutsch**.

PRÄSENTIEREN
Blitz und Donner

Eine Präsentation ist eine Chance: Viele Leute hören Ihnen zu. Nutzen Sie die Chance und überzeugen Sie die Zuhörer mit Ihrer Präsentation!

DAS LERNEN SIE

- Fehler bei der Gestaltung der Folien vermeiden
- Fehler bei der mündlichen Präsentation vermeiden
- Den Aufbau einer Präsentation verstehen
- Text gestalten
- Informationen visualisieren
- Titel und Überschriften formulieren
- Verben und Adjektive nominalisieren
- Notizen für den Vortrag machen
- Zielgruppe und Ziele festlegen
- Eine Struktur erstellen
- Die Funktion eines Handouts verstehen

Einstieg

1   Die Personen auf den Fotos sind Wissenschaftler. Sie haben ein neues, fantastisches Medikament gegen Krebs gefunden und präsentieren es jetzt. Aber nur eine(r) spricht die Wahrheit. Wer ist das?

Ich glaube, die Frau / der Mann von Bild _____ spricht die Wahrheit.

2   Warum denken Sie, dass diese Person die Wahrheit spricht?

....

3   Welche Person hat im Kurs die meisten Stimmen bekommen?

4   Warum hat diese Person die meisten Stimmen bekommen? Was denken Sie? Sprechen Sie darüber.

5   Was stört Sie bei den anderen Personen am meisten?

Die Elemente für eine Präsentation benennen

1 Ordnen Sie die Begriffe den passenden Abbildungen zu. Arbeiten Sie zu zweit.

☐ der Beamer   ☐ die Vortragende
☐ das Flipchart   ☐ der Zuhörer
☐ *A* der Laserpointer

☐ die Aufzählungspunkte   ☐ *G* die Folienübersicht
☐ der Fließtext   ☐ das Handout
☐ die Folie   ☐ der Titel der Präsentation
☐ die Folienüberschrift

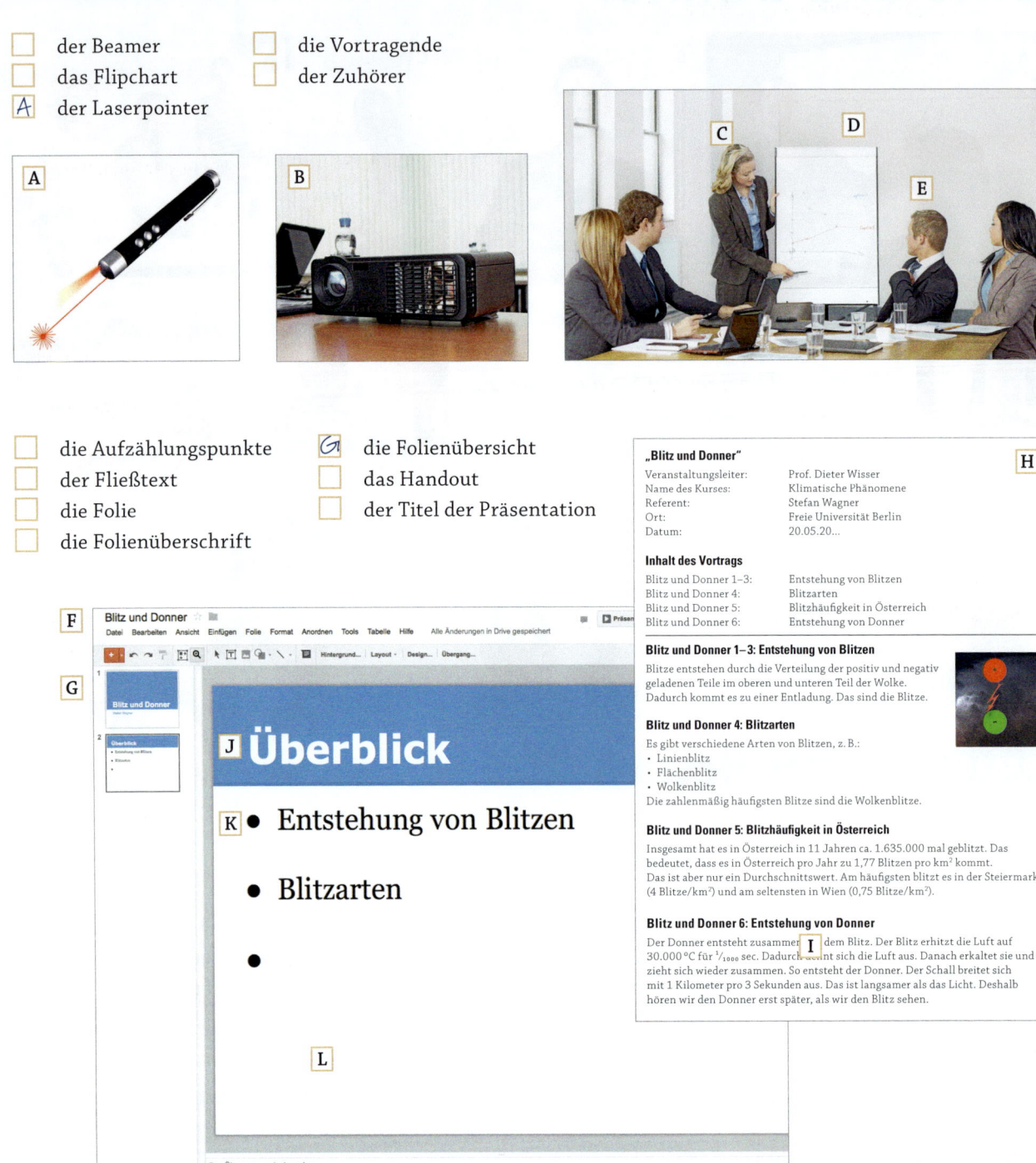

2 Kennzeichnen Sie auf der Folie die Schrift mit und ohne Serifen.

Eine Präsentation analysieren

1 Sehen Sie die Präsentation von Stefan Wagner an (PDF 1) und notieren Sie, welche Fehler Herr Wagner bei der Gestaltung seiner Folien gemacht hat.

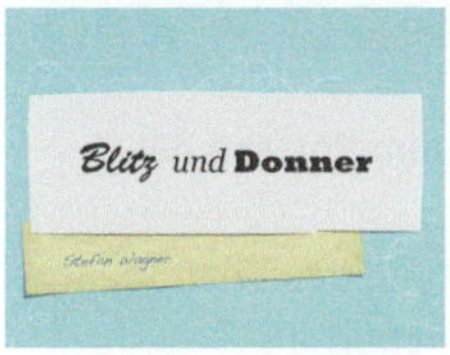

– Design: passt nicht zum Thema

– zu viele Schriftarten

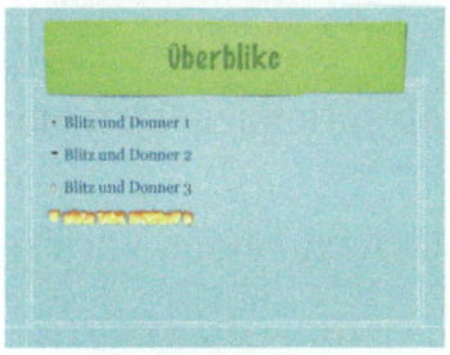

– Animation:

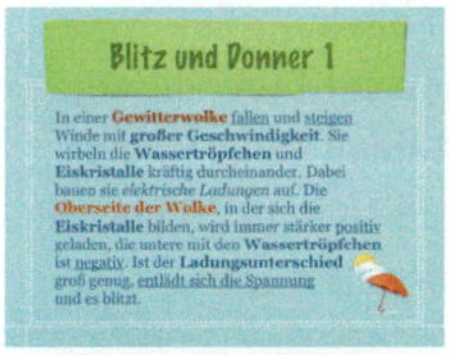

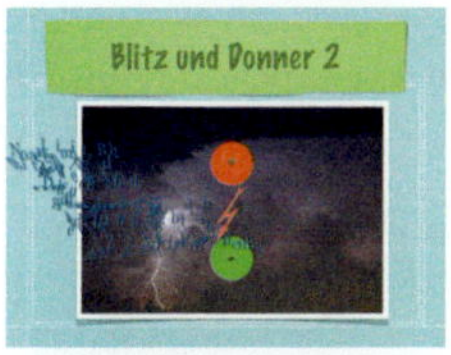

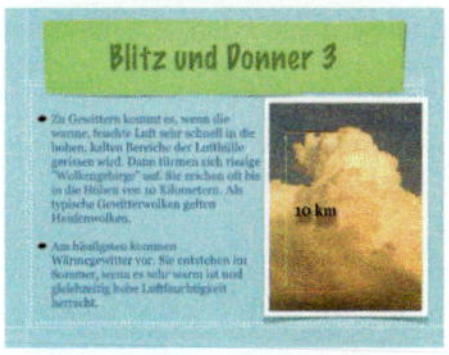

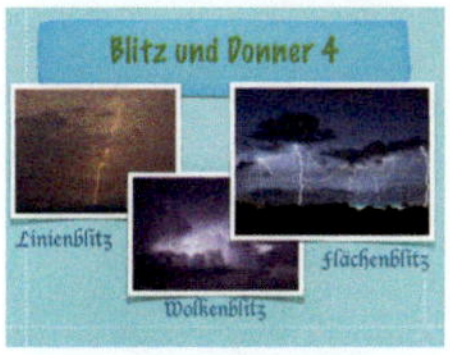

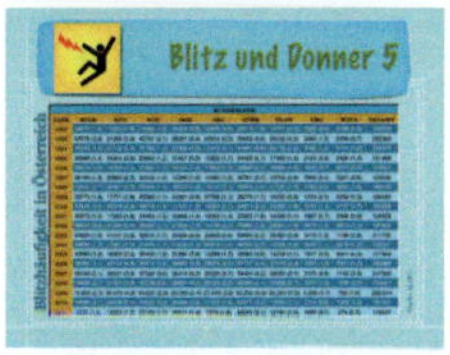

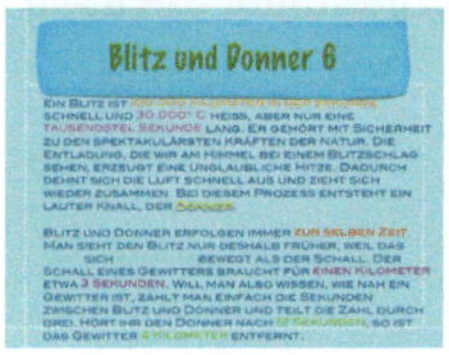

FEHLER BEI DER GESTALTUNG DER FOLIEN VERMEIDEN

Häufige Fehler bei der Gestaltung der Folien sind:

- unpassendes Design, das nicht zum Thema des Vortrags passt
- Schrift zu klein für die Zuhörer auf den hinteren Plätzen
- schwer lesbare Schriftart
- zu viele verschiedene Schriftarten
- zu viel Text auf einer Folie
- zu viele Detailinformationen auf einer Folie
- falsche farbliche Gestaltung von Text und Hintergrund
- unnötige Bilder auf der Folie
- unnötige Animationen bei den Texten, Bildern und Folien
- unnötige Animationen beim Übergang von einer Folie zur nächsten
- Fehler bei der Rechtschreibung

2 Sehen Sie jetzt, wie Stefan Wagner präsentiert (Video 1). Halten Sie, wenn nötig, den Film an und notieren Sie, welche Fehler Herr Wagner bei seiner Präsentation macht.

A · ab 0:11

– drückt eine falsche Taste, kann nicht
gut mit den Medien umgehen
–

B · ab 1:34

C · ab 2:07

D · ab 2:30

E · ab 4:50

FEHLER BEI DER MÜNDLICHEN PRÄSENTATION VERMEIDEN

Häufige Fehler beim Vortrag der Präsentation:
- die Körperhaltung des Vortragenden vermittelt Unsicherheit
- der Vortragende spricht nicht zum Publikum
- der Vortragende spricht zu leise oder zu schnell
- der Vortragende liest seinen Vortrag vom Blatt ab
- der Vortragende wechselt zu schnell zwischen den Folien
- der Vortragende verdeckt durch seinen Körper einen Teil der Folie
- der Vortragende kann nicht gut mit den Medien umgehen

3 Ist Ihnen noch etwas negativ aufgefallen? Notieren Sie ggf. weitere Beobachtungen und vergleichen Sie dann zu zweit.

Merkmale einer guten Präsentation erarbeiten

1 Sehen Sie sich einige Folien von Herrn Wagners Präsentation noch
einmal an. Welche Funktionen haben sie?

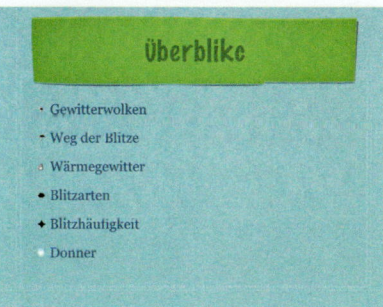

 2 Sehen Sie noch einmal PDF 1 an. Welche Folie fehlt bei der Präsentation von Herrn Wagner?

3 Erstellen Sie die fehlende Folie.
Arbeiten Sie zu zweit.

4 Welche der Schriftarten ist wohl für eine Präsentation am besten geeignet? Kreuzen Sie an und vergleichen Sie dann mit der Information im Kasten rechts.

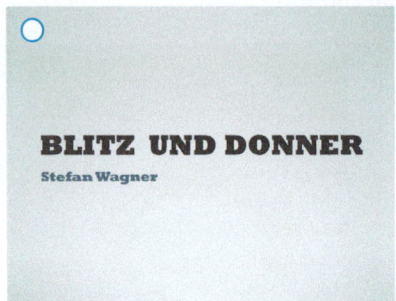

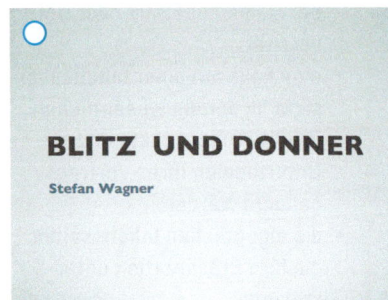

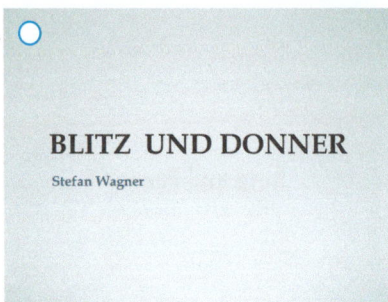

TEXT GESTALTEN

Der Hauptbestandteil vieler Präsentationen ist Text. Wir geben Ihnen hier einige Empfehlungen als Faustregel für die Gestaltung des Textes Ihrer Präsentationen. Weichen Sie davon nur ab, wenn Sie sicher sind, dass es sinnvoll ist.

- Verwenden Sie nicht mehr als zwei verschiedene Schriftarten (Fonts).
- Serifenlose Schrift ist in der Regel bei Präsentationen besser lesbar als eine Schrift mit Serifen.
- Schreiben Sie keinen langen Fließtext, sondern formulieren Sie Stichpunkte als Aufzählung.
- Benutzen Sie nicht mehr als fünf Aufzählungspunkte pro Folie.
- Benutzen Sie immer die gleiche Art für Hervorhebungen, z. B. **fett**.

5 Die Folie von Herrn Wagner enthält zu viel Text. Sehen Sie die Folie noch einmal an (PDF 1) und schreiben Sie sie neu mit kurzen Stichpunkten und Aufzählungszeichen. Lassen Sie unwichtige Informationen weg.

Blitz und Donner 6

- Blitz
  - Schnelligkeit: 100.000 km/sec
  - Hitze: 30.000° Celsius

- Donner

Blitz und Donner 6

EIN BLITZ IST 100.000 KILOMETER IN DER SEKUNDE SCHNELL UND 30.000° C HEISS, ABER NUR EINE TAUSENDSTEL SEKUNDE LANG. ER GEHÖRT MIT SICHERHEIT ZU DEN SPEKTAKULÄRSTEN KRÄFTEN DER NATUR. DIE ENTLADUNG, DIE WIR AM HIMMEL BEI EINEM BLITZSCHLAG SEHEN, ERZEUGT EINE UNGLAUBLICHE HITZE. DADURCH DEHNT SICH DIE LUFT SCHNELL AUS UND ZIEHT SICH WIEDER ZUSAMMEN. BEI DIESEM PROZESS ENTSTEHT EIN LAUTER KNALL, DER DONNER.

BLITZ UND DONNER ERFOLGEN IMMER ZUR SELBEN ZEIT. MAN SIEHT DEN BLITZ NUR DESHALB FRÜHER, WEIL DAS LICHT SICH SCHNELLER BEWEGT ALS DER SCHALL. DER SCHALL EINES GEWITTERS BRAUCHT FÜR EINEN KILOMETER ETWA 3 SEKUNDEN. WILL MAN ALSO WISSEN, WIE NAH EIN GEWITTER IST, ZÄHLT MAN EINFACH DIE SEKUNDEN ZWISCHEN BLITZ UND DONNER UND TEILT DIE ZAHL DURCH DREI. HÖRT IHR DEN DONNER NACH 12 SEKUNDEN, SO IST DAS GEWITTER 4 KILOMETER ENTFERNT.

Informationen mit Bildern unterstützen

1 Hier sehen Sie noch einmal die Folien, auf denen Bilder verwendet wurden. Entscheiden Sie, ob das jeweilige Bild passend oder unpassend verwendet wird. Kreuzen Sie an und begründen Sie Ihre Entscheidung.

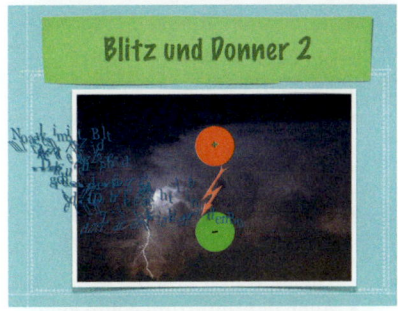

○ passend
○ unpassend

Weil das Bild ....
....
....

○ passend
○ unpassend

....
....
....

○ passend
○ unpassend

....
....
....

○ passend
○ unpassend

....
....
....

2 Wie könnte die Tabelle mit der Verteilung der Blitzhäufigkeit in Österreich besser dargestellt werden?

Man könnte statt einer Tabelle ....
....
....

TIPP

Weitere Hinweise zur Visualisierung von Daten finden Sie auf Seite 33.

Titel und Überschriften formulieren

1 Die Überschriften der Folien von Herrn Wagner sind nicht sehr aussagekräftig. Sehen Sie sich die folgenden Folien im PDF 1 an und ordnen Sie ihnen je eine bessere Überschrift zu.

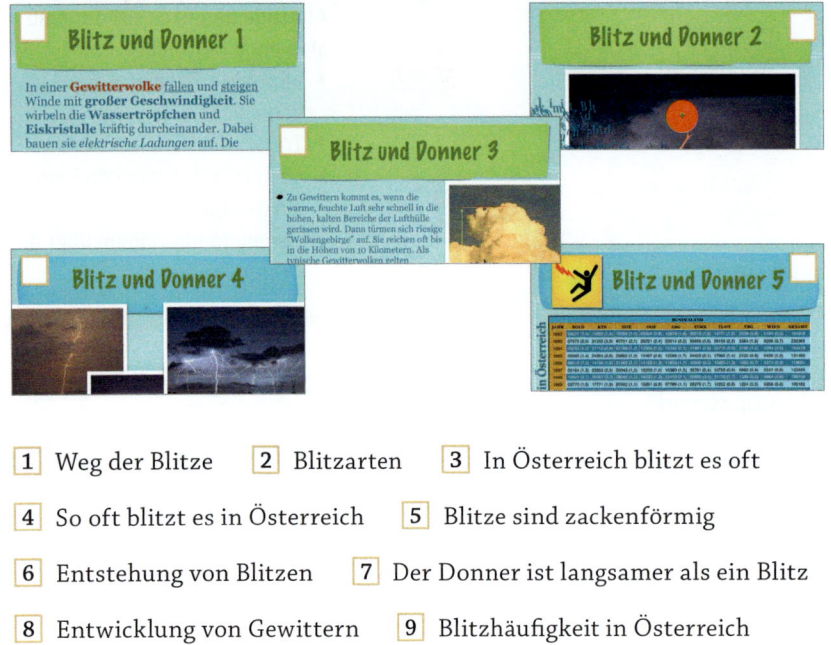

1 Weg der Blitze   2 Blitzarten   3 In Österreich blitzt es oft

4 So oft blitzt es in Österreich   5 Blitze sind zackenförmig

6 Entstehung von Blitzen   7 Der Donner ist langsamer als ein Blitz

8 Entwicklung von Gewittern   9 Blitzhäufigkeit in Österreich

2 Überlegen Sie sich einen Untertitel für die 1. Folie von Herrn Wagner. Aus dem Untertitel sollte möglichst hervorgehen, welche Themen in dem Vortrag abgedeckt werden.

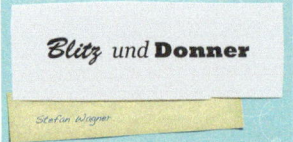

....

....

3 Machen Sie aus den folgenden Sätzen Überschriften durch Nominalisierung der Verben oder durch Kürzung. Benutzen Sie ein Wörterbuch, wenn nötig.

> Die Luft dehnt sich schnell aus.

Ausdehnung der Luft

> Der Blitz entlädt sich.

....

> Die Temperatur des Blitzes beträgt 30 000 °C.

....

> Wassertröpfchen und Eiskristalle bauen elektrische Ladungen auf.

....

TITEL UND ÜBERSCHRIFTEN FORMULIEREN

Der Titel der Präsentation ist normalerweise vorgegeben durch das Thema, das Ihnen gestellt wurde. Wenn Sie den Titel selbst formulieren können, achten Sie auf folgende Hinweise:
- Verwenden Sie für den Titel keinen vollständigen Satz, sondern eine verkürzte Aussage.
- Zusätzlich können Sie einen Untertitel formulieren, der Ihr Thema weiter erläutert.
- Auch der Untertitel sollte kein vollständiger Satz sein.

Die Überschriften der einzelnen Folien sollten das Thema der jeweiligen Folie so ansprechen, dass die Zuhörer sofort wissen, worüber Sie reden werden. Auch für die Titel der Folien gilt: Schreiben Sie keine vollständigen Sätze.

VERBEN UND ADJEKTIVE NOMINALISIEREN

Um aus vollständigen Sätzen eine Überschrift zu formulieren, ist es oft notwendig, aus den Verben oder Adjektiven der Sätze ein Nomen zu machen, z. B.:
- entwickeln – Entwicklung
- entstehen – Entstehung
- häufig – Häufigkeit

Außerdem sollten weniger wichtige Informationen gekürzt werden.

Vortragsformen vergleichen und Stichwortkarteikarten anlegen

 1 Sehen Sie die Videos 2, 3 und 4 an. Vergleichen Sie, wie der Text vorgetragen wird, und kreuzen Sie an, wie sich der Referent verhält und wie der Vortrag auf Sie wirkt.

	Video 2	Video 3	Video 4
Referent hält Augenkontakt	○	○	○
Sprache ist verständlich	○	○	○
Text wirkt natürlich	○	○	○
Vortragsstil ist lebendig	○	○	○

2 Welchen Vortragsstil finden Sie am angenehmsten? Formulieren Sie auch eine Begründung für Ihre Meinung.

....

....

....

3 Herr Wagner hat sich zu seinen Folien Notizen auf Karteikarten gemacht. Er hat aber die Hinweise des Infokastens rechts nicht gelesen und daher drei Fehler gemacht. Markieren Sie die Fehler.

> **Vortrag: Blitz und Donner**
>
> **Wolkenblitze**
>
> Wolkenblitze sind für Menschen nicht gefährlich,
> da sie sich nur in den Wolken abspielen, also nicht
> auf die Erde gelangen.
> > häufigste Blitze
>
> **Erdblitze**
>
> > Linienblitz: ein Lichtstrahl von der Wolke zur Erde
> > Flächenblitz:
> > – erleuchtet weite Strecke des Horizonts
> > – Form wie ein Fächer

4 Schreiben Sie eine Karteikarte für die blaue Folie, Seite 12, Aufgabe 5. Benutzen Sie dazu eine Karteikarte oder ein Blatt Papier im Format A5.

NOTIZEN FÜR DEN VORTRAG MACHEN

Auf keinen Fall sollten Sie Ihren Vortragstext ablesen. Sie müssen aber auch nicht völlig frei sprechen. Ein Mittelweg ist, Stichworte auf größere Karteikarten (Format A5) zu schreiben. Beachten Sie dabei:

- Schreiben Sie oben auf die Karte den Titel der Folie, auf die sich die Karte bezieht.
- Nummerieren Sie die Karten.
- Schreiben Sie keine ausformulierten Sätze.
- Schreiben Sie so wenig wie möglich.
- Schreiben Sie mit großer Schrift.
- Markieren Sie die wichtigsten Punkte Ihrer Stichworte zusätzlich mit Farbe.
- Machmal ist es hilfreich, den ersten Satz zu einer Folie und die Formulierung für den Übergang zur nächsten Folie zu notieren.
- Beschriften Sie die Karten nur auf einer Seite.

Eine Präsentation vorbereiten

1 Lesen Sie die folgenden Situationen und beantworten Sie die Fragen, die in dem Infokasten gestellt werden. Informieren Sie sich, falls nötig, in einem allgemeinen Lexikon über die Themen.

A In einem Bachelorseminar im Rahmen Ihres Studiums der Geografie sollen Sie über den „Aufbau des Erdinnern" referieren. Ihre Zuhörer sind die anderen Studierenden des Seminars und der Seminarleiter.

Vorwissen: ....

....

....

Interesse: ....

....

....

Motivation: ....

Erkenntnisgewinn: ....

....

B Im Rahmen Ihres Ingenieursstudiums machen Sie ein Praktikum bei einer Autofirma. In der Abteilung werden Elektromotoren für Autos entwickelt. Ihr Vorgesetzter bittet Sie, über neue Entwicklungen im Bereich von Elektromotoren zu referieren. Das ist ein Schwerpunkt Ihres Studiums.

Vorwissen: ....

....

....

Interesse: ....

....

Motivation: ....

Erkenntnisgewinn: ....

....

Kompetenzgewinn: ....

....

2 Bei welcher Präsentation könnte eine *Handlungsanweisung* das Ziel sein? Überlegen Sie sich ein Beispiel.

....

....

....

Bevor Sie mit der Ausarbeitung einer Präsentation beginnen, überlegen Sie sich, für welche Zielgruppe Sie präsentieren.
- Was wissen Ihre Zuhörer wahrscheinlich schon (Vorwissen)?
- Was könnte für Ihre Zuhörer interessant sein (Interesse)?
- Warum sind Ihre Zuhörer wahrscheinlich zu Ihrem Vortrag gekommen (Motivation)?

Wichtig ist auch, was Sie mit Ihrem Vortrag erreichen wollen. Stellen Sie sich daher die folgenden Fragen:
- Was sollen die Zuhörer nach Ihrer Präsentation wissen oder besser verstehen (Erkenntnisgewinn)?
- Was sollen sie nach Ihrer Präsentation besser können (Kompetenzgewinn)?
- Was sollen sie nach Ihrer Präsentation vielleicht machen (Handlungsanweisung)?
- Wovon sollen Ihre Zuhörer überzeugt werden (Entscheidungsfindung)?

Die Verlaufsstruktur einer Präsentation erarbeiten

1   Welche der schematischen Verlaufsstrukturen passt zum Vortrag von Herrn Wagner?
    Sehen Sie die Abbildungen an, vergleichen Sie mit Video 1 und notieren Sie den passenden Buchstaben.

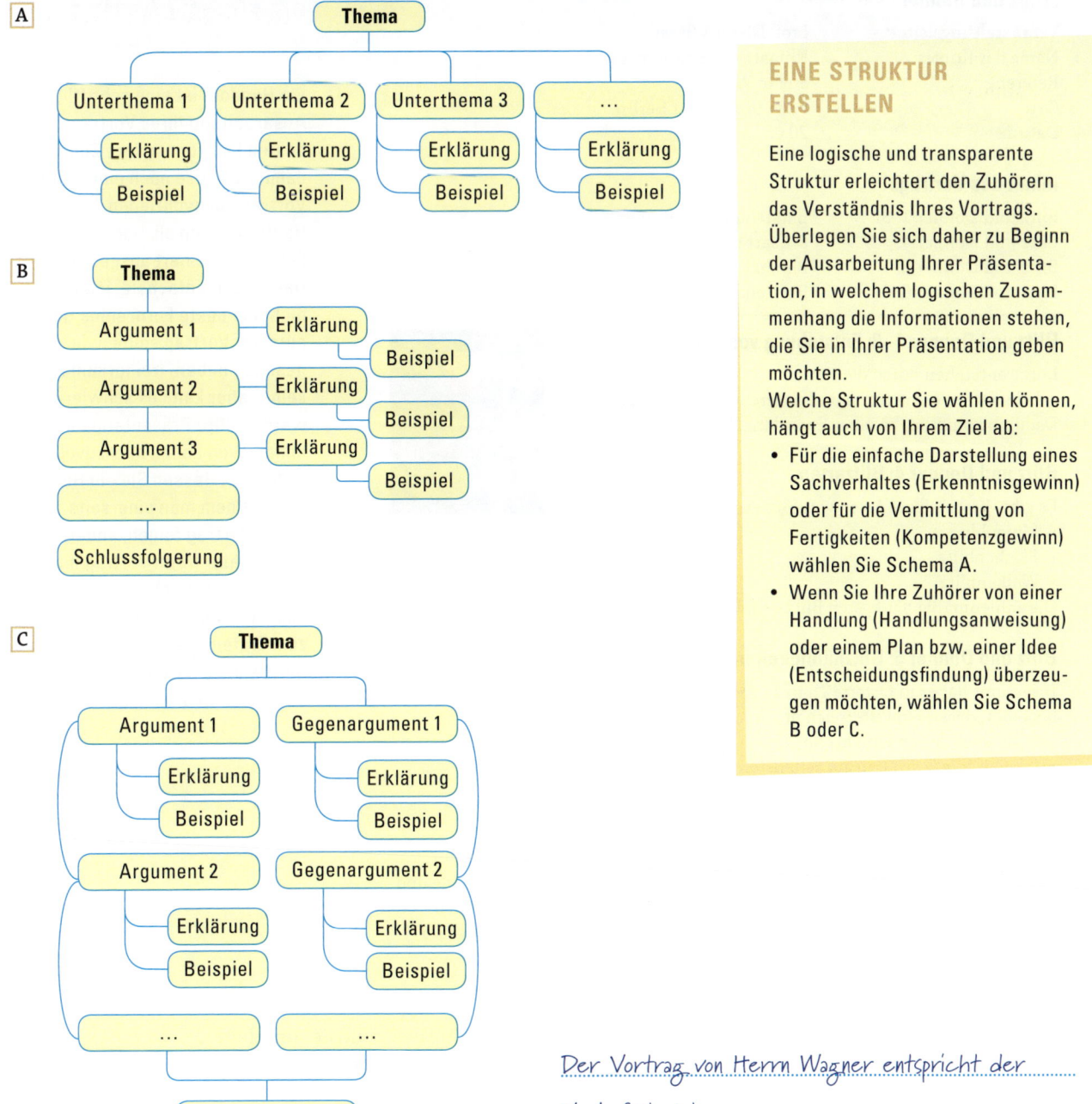

EINE STRUKTUR ERSTELLEN

Eine logische und transparente Struktur erleichtert den Zuhörern das Verständnis Ihres Vortrags. Überlegen Sie sich daher zu Beginn der Ausarbeitung Ihrer Präsentation, in welchem logischen Zusammenhang die Informationen stehen, die Sie in Ihrer Präsentation geben möchten.
Welche Struktur Sie wählen können, hängt auch von Ihrem Ziel ab:
- Für die einfache Darstellung eines Sachverhaltes (Erkenntnisgewinn) oder für die Vermittlung von Fertigkeiten (Kompetenzgewinn) wählen Sie Schema A.
- Wenn Sie Ihre Zuhörer von einer Handlung (Handlungsanweisung) oder einem Plan bzw. einer Idee (Entscheidungsfindung) überzeugen möchten, wählen Sie Schema B oder C.

Der Vortrag von Herrn Wagner entspricht der Verlaufsstruktur

2   Im PDF 2 sehen Sie einige ungeordnete Folien. Überlegen Sie, in welche Struktur diese Folien passen könnten.

Die Folien könnten

3   Zeichnen Sie die passende Struktur auf ein gesondertes Blatt Papier und ordnen Sie dann die einzelnen Folien dem Schema zu.

Ein Handout verfassen

1   Überfliegen Sie das Handout und ordnen Sie die Strukturelemente zu.

„Blitz und Donner"

Veranstaltungsleiter:	Prof. Dieter Wisser
Name des Kurses:	Klimatische Phänomene
Referent:	Stefan Wagner
Ort:	Freie Universität Berlin
Datum:	20.05.20...

Inhalt des Vortrags

Blitz und Donner 1–3:	Entstehung von Blitzen	
Blitz und Donner 4:	Blitzarten	Inhaltsübersicht
Blitz und Donner 5:	Blitzhäufigkeit in Österreich	
Blitz und Donner 6:	Entstehung von Donner	

Blitz und Donner 1–3: Entstehung von Blitzen

Blitze entstehen durch die Verteilung der positiv und negativ geladenen Teile im oberen und unteren Teil der Wolke. Dadurch kommt es zu einer Entladung. Das sind die Blitze.

Blitz und Donner 4: Blitzarten

Es gibt verschiedene Arten von Blitzen, z. B.:
- Linienblitz
- Flächenblitz
- Wolkenblitz

Die zahlenmäßig häufigsten Blitze sind die Wolkenblitze.

Blitz und Donner 5: Blitzhäufigkeit in Österreich

Insgesamt hat es in Österreich in 11 Jahren ca. 1.635.000 mal geblitzt. Das bedeutet, dass es in Österreich pro Jahr zu 1,77 Blitzen pro km² kommt. Das ist aber nur ein Durchschnittswert. Am häufigsten blitzt es in der Steiermark (4 Blitze/km²) und am seltensten in Wien (0,75 Blitze/km²).

Blitz und Donner 6: Entstehung von Donner

Der Donner entsteht zusammen mit dem Blitz. Der Blitz erhitzt die Luft auf 30.000 °C für $^1/_{1000}$ sec. Dadurch dehnt sich die Luft aus. Danach erkaltet sie und zieht sich wieder zusammen. So entsteht der Donner. Der Schall breitet sich mit 1 Kilometer pro 3 Sekunden aus. Das ist langsamer als das Licht. Deshalb hören wir den Donner erst später, als wir den Blitz sehen.

DIE FUNKTION EINES HANDOUTS VERSTEHEN

Ein Handout ist eine schriftliche Ausarbeitung Ihres Vortrages. Im besten Fall können Ihre Zuhörer damit zu Hause noch einmal Ihren Vortrag nachvollziehen.
Häufig werden als Handout die Folien verkleinert ausgedruckt. Das ist die einfachste, jedoch nicht die beste Form eines Handouts: Ihr Vortrag sollte, wie wir gesehen haben, frei formuliert sein. Daher kann es schwierig werden, Ihre Präsentation nur anhand von Folien nachzuvollziehen. Verfassen Sie ein Handout, mit dem man einerseits Ihrem Vortrag folgen, andererseits später Ihren Vortrag noch einmal gedanklich wiederholen kann. (Ausführlichere Erklärungen zum Erstellen eines Handouts gibt es in dem Band *Campus Deutsch – Schreiben*, S. 65 ff.)

~~Inhaltsübersicht~~   Titel der Folien   Handout-Kopf mit Angaben zum Seminarleiter, Veranstaltungstitel, eigenem Namen, Ort der Veranstaltung, Zeit der Veranstaltung

Zusammenfassung der einzelnen Folien

2   Was ist zutreffend? Lesen Sie noch einmal das Beispiel-Handout und kreuzen Sie an.

In einem Handout ...

> sollte man nur Stichwörter schreiben. ○
> sollte man die wichtigsten Zahlen notieren. ○
> muss man nicht alle Bilder des Vortrags zeigen. ○
> sollte man die wichtigsten Aussagen der Folien zusammenfassen. ○
> müssen die wichtigsten Informationen über Zeit, Ort und Anlass des Vortrags angegeben werden. ○

Arbeitstechniken wiederholen

1 Markieren Sie mindestens drei Fehler bei der Gestaltung des Textes und der Folie. Infokästen Seite 9, 12, 14

2 Welche Folien sollte eine Präsentation immer haben? Infokasten Seite 11

....

3 Schreiben Sie eine Karteikarte mit Notizen für einen Vortrag zu dem folgenden Text. Infokasten Seite 15

Das gefährlichste Gas, das für den Treibhauseffekt verantwortlich gemacht wird, ist Kohlendioxid. Dies ist weithin bekannt. Weniger bekannt dagegen ist, dass Methan der Gefährlichkeit von Kohlendioxid kaum nachsteht. Die Konzentration von Methan in der Atmosphäre lag in den vergangenen 650.000 Jahren zwischen 400 ppb (parts per billion) und 700 ppb. Seit 1983 wird der Anteil von Methan direkt in der Luft gemessen. Wissenschaftler haben festgestellt, dass seit dieser Zeit die Konzentration noch einmal um 30 % gestiegen ist. Es gibt natürliche und anthropogene, d. h. von Menschen gemachte, Quellen für die Emission, also den Ausstoß von Methan. Zu den natürlichen Quellen zählen Feuchtgebiete und Wälder. Zu den anthropogenen Quellen zählen z. B. Energieerzeugung, Verbrennung von Biomasse, aber auch Reisanbau und Viehzucht. Letztlich ist also unser großer Fleischkonsum mit Schuld an der globalen Erwärmung.

4 Nominalisierung: Schreiben Sie Titel zu den Sätzen. Als Hilfe sind die Substantive und Adjektive, die nominalisiert werden können, markiert. Lassen Sie weniger wichtige Informationen weg.

Infokasten Seite 14

> Methan ist gefährlich für die Atmosphäre.

Gefährlichkeit von Methan.

> Die Konzentration von Methan in der Luft ist angestiegen.

> Auch der Mensch ist verantwortlich dafür, dass Methan produziert wird.

des Menschen für

> Wenn Biomasse verbrannt wird, entsteht Methan.

von Methan durch

> Auch durch unseren Fleischkonsum wird das Klima erwärmt.

5 Welche Aussagen zur mündlichen Präsentation sind richtig? Kreuzen Sie an.

Infokasten Seite 10

> Bei der mündlichen Präsentation muss man die vorgegebene Zeit einhalten. Wenn man daher viele Informationen vemitteln will, muss man etwas schneller sprechen. ○
> Die Körperhaltung ist bei Präsentationen unwichtig, denn die/der Vortragende ist kein Schauspieler. Es kommt auf die Inhalte an, nicht auf das Äußere. ○
> Man muss nicht ständig auf einem Platz verharren, sondern man kann als Vortragende/r auch herumgehen. Aber man sollte darauf achten, nicht die Folien mit dem Körper zu verdecken. ○
> Wie lange man eine Folie zeigt, ist unwichtig, wenn man den Zuhörern nach dem Vortrag im Handout noch einmal alle Folien zur Verfügung stellt. ○
> Selbst wenn man ein guter Vorleser ist, sollte man den Vortrag nicht vollständig vom Blatt ablesen. Man sollte sich bemühen, so viel wie möglich frei zu sprechen. ○

6 Ergänzen Sie die Aussagen zur Textgestaltung.

Infokasten Seite 12

> Eine _____ Schrift ist besser lesbar als eine Schrift mit Serifen.

> Man sollte nicht mehr als _____ verschiedene Schriftarten in einer Präsentation verwenden.

> _____ sollte man immer auf die gleiche Art kennzeichnen, z. B. fett.

> Eine Präsentation sollte in der Regel keine langen Texte enthalten, sondern kurze _____.

> Auf einer Folie sollten nicht mehr als _____ Aufzählungspunkte verwendet werden.

7 Aus welchen Gründen sollte man Bilder in einer Präsentation benutzen?

Infokasten Seite 13

Veranschaulichung von abstrakten Themen –

Präsentation 1
Die Gezeiten

Lassen Sie sich nicht von den vielen Möglich-keiten Ihrer Präsentationssoftware verführen. Sie selbst sollten bei Ihrem Vortrag im Mittel-punkt stehen.

Einstieg

1 Was zeigt dieses Bild? Raten Sie.

....

2 Lesen Sie den folgenden Text. Wo befindet sich die beschriebene Person? Was ist passiert?

... „Hilfe! Hilfe!" So laut er auch rief, weit und breit war keine Person zu sehen. Er war auf der Suche nach Muscheln und Krebsen weit hinausgelaufen. Jetzt bemerkte er, dass er sich auf einer großen Sandbank befand. Hinter ihm waren die Priele schon mit Wasser vollgelaufen. Der direkte Weg zum Land war versperrt. Schwimmen schien unmöglich: Die Strömung war zu stark. Er hätte besser auf die Uhrzeit achten müssen. Aber jetzt war es zu spät. Die Abendsonne stand bereits am Horizont. „Hilfe! Hört mich jemand?" ...

....

....

....

Informationen sammeln

1 Sie entschließen sich, im Rahmen des Studium generale am *Wahlpflicht-fach Astronomie* teilzunehmen. In dem Kurs möchten Sie die Präsentation zu dem Teilthema *Gezeiten* übernehmen. Lesen Sie den Auszug aus dem Vorlesungsverzeichnis und beantworten Sie dann die Fragen.

▶ **Studium generale**
Allgemeinwissenschaftliche Wahlpflichtfächer

Sommersemester 20...
2 SWS

Dozent: Dr. Helge Sonne

Thema: Astronomie

Inhalt: In dieser Veranstaltung sollen Informationen vermittelt werden, die für die Teilnehmer von Interesse und als Voraussetzung für eine weitere theoretische und praktische Beschäftigung mit dem Weltall von Bedeutung sind.

Themen: Aus den folgenden Themen müssen Sie eines auswählen und präsentieren, um ETCS-Punkte zu erhalten.
- Geschichte der Astronomie: 1. Instrumente, 2. Methoden, 3. Theorien
- Sphärische Astronomie und Himmelsmechanik: 1. Geschichte, 2. Gezeiten, 3. Bewegung von Himmelskörpern
- Das Sonnensystem: 1. Planeten, 2. Kometen, 3. Asteoriden

EINEN VORTRAG VORBEREITEN

Die Vorbereitung einer Präsentation kann man in unterschiedliche Phasen gliedern. Nachdem Sie das Thema bekommen haben, müssen Sie diese Arbeitsschritte ausführen:
- **Informationen sammeln:** Versorgen Sie sich zunächst mit möglichst vielen Informationen zu dem vorgegebenen Thema.
- **Informationen ordnen:** Ordnen Sie die gesammelten Informationen dann den verschiedenen Unterthemen Ihrer Präsentation zu. Sortieren Sie außerdem unbrauchbare Informationen aus.
- **Informationen verarbeiten:** Bringen Sie Ihre Informationen in eine Form, die Sie für Ihre Präsentation verwenden können: Formulieren Sie Titel und kurze Aufzählungen für Ihre Folien, notieren Sie Stichworte für Ihre Vortragsnotizen usw.

> Für welche Zielgruppe ist dieser Kurs? Versuchen Sie eine möglichst genaue Beschreibung.

....

....

> Warum nehmen die Studierenden an diesem Kurs wahrscheinlich teil?

....

....

> Was könnte für diese Zielgruppe bei dem Thema *Gezeiten* genau von Interesse sein? Formulieren Sie Fragen, die diese Teilnehmer vielleicht stellen könnten.

Wohin geht das Wasser bei Ebbe?

....

....

2 **Welches Ziel verfolgen Sie mit Ihrer Präsentation? Kreuzen Sie das Ziel an, das für die Veranstaltung am passendsten ist.**

> Ich möchte, dass die Zuhörer nach meinem Vortrag die Gefahr erkennen, die von den
> Gezeiten ausgeht, sodass sie ohne Gefahr im Wattenmeer spazieren gehen können. ○

> Ich möchte, dass sich die Zuhörer nach meinem Vortrag in der Praxis mit den Gezeiten
> beschäftigen können, z. B. als Fremdenführer im Wattenmeer. ○

> Ich möchte, dass die Zuhörer verstehen, wie das Gezeitensystem funktioniert, insbesondere
> wie die Himmelskörper die Gezeiten beeinflussen. ○

> Ich möchte die Zuhörer davon überzeugen, dass man mithilfe der Gezeiten sogenannte
> „grüne Energie" erzeugen kann. ○

3 **Sicher haben Sie in der Schule bereits etwas über Ebbe und Flut gelernt. Vielleicht haben Sie auch schon selbst die Gezeiten am Meer erlebt. Versuchen Sie sich zu erinnern und zeichnen Sie mit einfachen Strichen das Prinzip der Gezeiten auf. Die wesentlichen Elemente geben wir Ihnen vor.**

Sonne Mond Erde Fliehkraft Anziehungskraft

4 **Vergleichen Sie jetzt Ihre Zeichnung mit der Infografik auf der nächsten Seite. Markieren Sie in der Infografik die Teile, die auch Sie in Ihrer Zeichnung erklärt haben.**

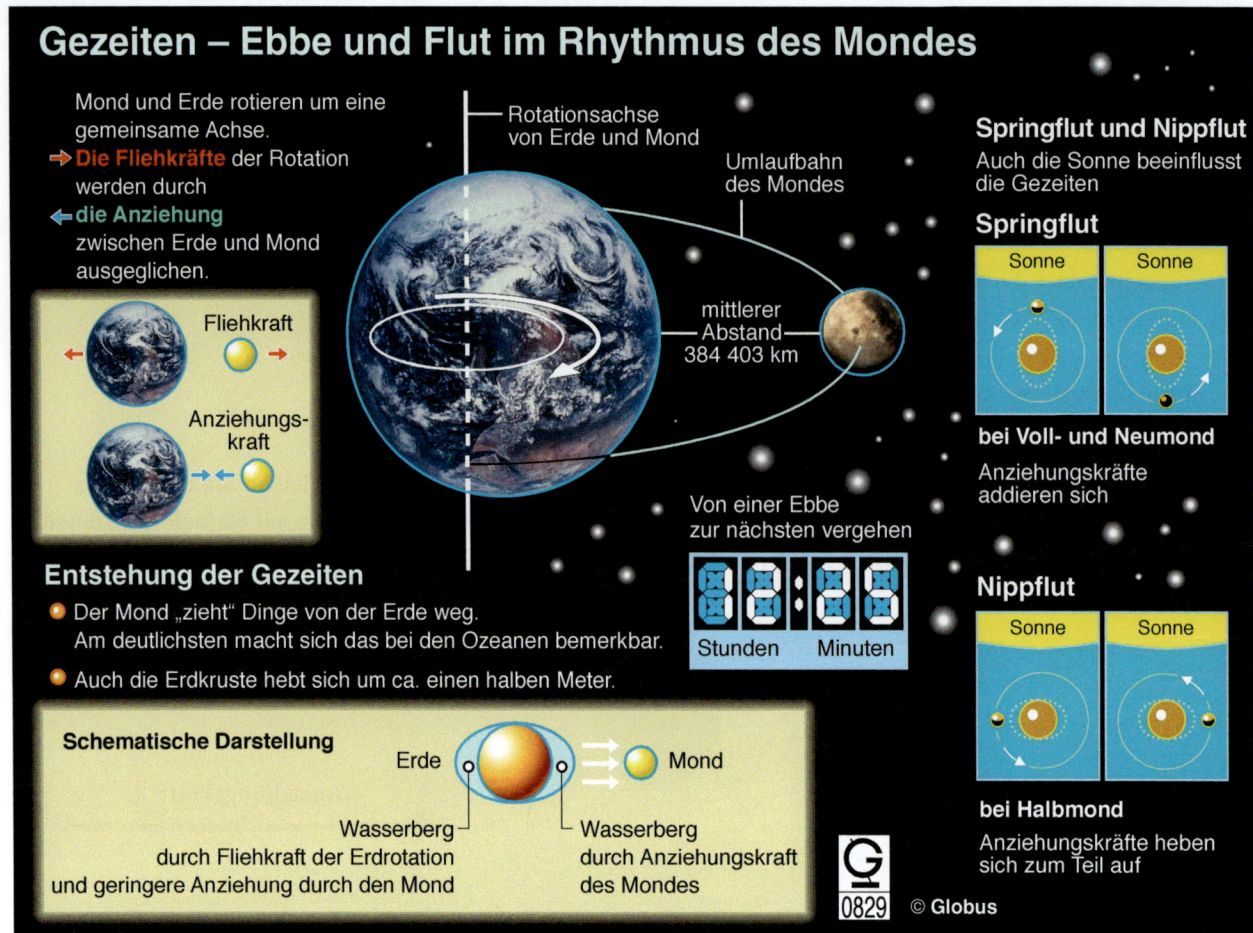

Gezeiten – Ebbe und Flut im Rhythmus des Mondes

Mond und Erde rotieren um eine gemeinsame Achse.
→ **Die Fliehkräfte** der Rotation werden durch
← **die Anziehung** zwischen Erde und Mond ausgeglichen.

Fliehkraft

Anziehungs-kraft

Rotationsachse von Erde und Mond

Umlaufbahn des Mondes

mittlerer Abstand 384 403 km

Von einer Ebbe zur nächsten vergehen

Stunden   Minuten

Entstehung der Gezeiten

- Der Mond „zieht" Dinge von der Erde weg. Am deutlichsten macht sich das bei den Ozeanen bemerkbar.
- Auch die Erdkruste hebt sich um ca. einen halben Meter.

Schematische Darstellung

Erde   Mond

Wasserberg durch Fliehkraft der Erdrotation und geringere Anziehung durch den Mond

Wasserberg durch Anziehungskraft des Mondes

Springflut und Nippflut
Auch die Sonne beeinflusst die Gezeiten

Springflut

Sonne   Sonne

bei Voll- und Neumond

Anziehungskräfte addieren sich

Nippflut

Sonne   Sonne

bei Halbmond

Anziehungskräfte heben sich zum Teil auf

0829   © Globus

Die Abfolge von Ebbe und Flut nennt man Gezeiten. Sie werden hauptsächlich durch die Kräfte, die zwischen Erde und Mond wirken, verursacht. Diese Kräfte sind einerseits die Anziehungskraft (Gravitationskraft), die vom Mond auf die Erde wirkt, andererseits die Fliehkraft (Zentrifugalkraft), die durch die Eigen-
5   drehung der Erde um ihren Schwerpunkt wirkt. Abhängig von dem Abstand zwischen Erde und Mond sind diese Kräfte verschieden stark.
Die Kräfte wirken sich auf die Wassermassen der Ozeane aus: Auf der Seite der Gravitationskraft des Mondes sowie auf der entgegengesetzten Seite, auf der sich die Zentrifugalkraft der Erde auswirkt, entstehen die sogenannten Flut-
10 berge, d. h. das Wasser an diesen Punkten steigt an. Da sich die gesamte Wasser-masse der Erde nicht vermehrt, kommt es auf den Seiten, wo weder die Gravita-tionskraft noch die Fliehkraft wirksam sind, zu einer Verringerung der Wasser-höhe; man nennt dies Ebbe.
Ein weiterer Mitspieler bei der Entstehung der Gezeiten ist unser Heimatstern: die Sonne. Auch von der Sonne
15 gehen Gravitationskräfte aus. Wenn daher Sonne, Mond und Erde in einer Linie stehen, addieren sich diese Kräfte, und es kommt zu einer besonders starken Flut, die Springflut genannt wird. Steht dagegen der Mond, bei Halbmond, in einem rechten Winkel zu der Linie Sonne und Erde, subtrahieren sich die Kräfte teilweise – es kommt zu einer Nippflut, einer Flut, die eher schwach ausgeprägt ist. Weitere Parameter, die sich auf die Höhe der Flut auswirken, sind der Wind und der Luftdruck.
20 Die Zeit zwischen zwei Fluten beträgt 12 Stunden und 25 Minuten. Etwa alle 6 Stunden und 12 Minuten gibt es also ein Tief- bzw. ein Hochwasser. Wie hoch der jeweilige Unterschied zwischen Ebbe und Flut ist, hängt wesentlich von der Gestalt des Meeresbodens und der Küstenform ab.

TIPP

Im Internet gibt es viele anschauliche Erklärungen: Geben Sie als Suchbegriffe *Ebbe und Flut* ein. Eine interessante Erklärung der Gezeiten gibt es in einem Video aus der Serie *Die Sendung mit der Maus*. Geben Sie als Suchbegriff zusätzlich diesen Titel ein.

5 Welche Themen werden in der Infografik auf Seite 24 behandelt? Tragen Sie die Themen in Form von Fragen in die Liste ein. Sie müssen nicht für jede Zeile eine Frage finden.

a *Durch welche Kräfte entstehen die Gezeiten?*

b

c

d

e

f

g

h

i

j

k

FRAGEN ZUM THEMA NOTIEREN

Überlegen Sie sich, welche Fragen Sie hätten, wenn Sie Zuhörer eines Vortrage zu Ihrem Thema wären. Kontrollieren Sie zunächst nicht, ob die Fragen sinnvoll sind oder nicht, sondern schreiben Sie sie einfach alle auf.
Gehen Sie dann Ihre Informationssammlung durch: Finden Sie darin weitere Themen und Fragen, die Sie in den Vortrag aufnehmen möchten? Im Anschluss können Sie aus den Fragen und Themen Ihre verschiedenen Folien entwickeln.

6 Lesen Sie jetzt den erklärenden Text zur Infografik. Welche neuen Themen werden darin angesprochen? Tragen Sie weitere Fragen in die Liste von Aufgabe 5 ein.

7 Auf Seite 22 haben Sie Fragen formuliert, die Ihre Zuhörer vielleicht interessieren könnten. Gibt es dort Fragen, die noch nicht in Ihrer Liste vorhanden sind? Tragen Sie auch diese Fragen in die Liste von Aufgabe 5 ein. Benutzen Sie ggf. ein gesondertes Blatt Papier.

8 Tragen Sie jetzt zu jeder Frage eine Antwort ein. Wenn Sie eine Frage noch nicht beantworten können, sammeln Sie weitere Informationen im Internet. Hinweise, wie Sie Informationen finden können, gibt Ihnen der Tipp auf Seite 24.

a *Die Gezeiten entstehen durch die Anziehungskraft und die Fliehkraft.*

b

c

d

e

f

g

h

i

j

k

Informationen ordnen

1 Für Ihren Vortrag haben Sie 30 Minuten Zeit. 20 Minuten sollen Sie sprechen, 10 Minuten sollen für Fragen zur Verfügung stehen. Vielleicht ist es nicht möglich, alle Themen, die Sie auf der vorhergehenden Seite gefunden haben, anzusprechen. Sie müssen eine Auswahl treffen. Notieren Sie jetzt die vier bis fünf Fragen von Aufgabe 5 auf Seite 25, die Sie in Ihrem Vortrag beantworten möchten.

....

....

....

....

....

....

DIE ANZAHL DER FOLIEN BESTIMMEN

Bedenken Sie, dass alle Folien für die Zuhörer neu sind. Die Zuhörer benötigen einige Zeit, um die Folien zu lesen und zu verstehen. Sie sollten daher für jede Folie drei bis fünf Minuten einplanen. Wenn Sie eine Folie länger zeigen möchten und dazu sprechen, ist das auch möglich. Für einen Vortrag von zwanzig Minuten sollten Sie daher vier bis fünf inhaltliche Folien gestalten. Dazu kommen die Folien für den Titel und die Inhaltsübersicht (vgl. Infokasten auf Seite 11).

2 Als Nächstes müssen Sie bestimmen, in welcher Reihenfolge Sie die Themen behandeln möchten. Überlegen Sie dazu, welche der Verlaufsstrukturen, die auf Seite 17 genannt wurden, am besten zu Ihrem Thema passt.

> Verlaufsstruktur A   ◯
> Verlaufsstruktur B   ◯
> Verlaufsstruktur C   ◯

3 Übertragen Sie jetzt die Antworten auf die Fragen, die Sie bei Aufgabe 1 ausgewählt haben, auf die vorläufigen Folien. Die Antworten haben Sie bei Aufgabe 8, Seite 25 schon formuliert. Nummerieren Sie anschließend die Folien in der Reihenfolge, in der Sie sie präsentieren möchten. Wenn Sie nur vier Folien benötigen, lassen Sie eine Folie leer.

Folie Nummer 1

Die Gezeiten entstehen durch die Anziehungskraft und die Fliehkraft.

Informationen verarbeiten

1 **Geben Sie Ihren Folien jeweils einen Titel. Den Titel können Sie mithilfe der Fragen formulieren, indem Sie versuchen, die Verben zu nominalisieren (vgl. Infokasten Seite 14). Wenn Sie der Meinung sind, dass die vorgegebene Lösung nicht an erster Stelle stehen sollte, nummerieren Sie die Folie einfach um.**

Folie 1: Durch welche Kräfte entstehen die Gezeiten?

Titel: Entstehung der Gezeiten

Folie 2:

Titel:

Folie 3:

Titel:

Folie 4:

Titel:

Folie 5:

Titel:

2 **Formulieren Sie mithilfe der Antworten von Aufgabe 3, Seite 26 den Haupttext Ihrer Folien. Dazu machen Sie aus den dort notierten ganzen Sätzen kurze, einprägsame Sätze oder Stichworte.**

Folie 1: Gezeiten: Anziehungskraft + Fliehkraft

Folie 2:

Folie 3:

Folie 4:

Folie 5:

TIPP

Nominalisierungen, die vielleicht nützlich sind:

Verben
abhängen – Abhängigkeit
addieren – Addition
aufheben – Aufhebung
beeinflussen – Beeinflussung
dauern – Dauer
entstehen – Entstehung
(woher) kommt – Herkunft
rotieren – Rotation
subtrahieren – Subtraktion
vermehren – Vermehrung
verursachen – Ursache
wirken – Wirkung

Adjektive
groß – Größe
hoch – Höhe
schwach – Schwäche
stark – Stärke
wirksam – Wirksamkeit

DEN AUFBAU DER FOLIEN FESTLEGEN

Die Folien sollten möglichst gleich aufgebaut sein. Merken Sie sich folgende Regeln:

- Jede Folie hat einen Titel.
- Der Titel aller Folien ist immer an der gleichen Stelle.
- Die Schriftgröße des Titels ist nicht kleiner als 48 pt.
- Die Seitenränder aller Folien sind immer gleich.
- Die Schriftart und die Schriftgröße des *Inhaltsbereichs* sind immer gleich.
- Die Schrift dort ist nicht kleiner als 36 pt.
- In dieser Schriftgröße können Sie sechs bis acht Zeilen auf eine Folie schreiben. Bitte nicht mehr!
- Die Farben für Hervorhebungen sind auf allen Folien identisch.

Folien erstellen

1 Ordnen Sie die Folien, die Sie auf Seite 27 inhaltlich erstellt haben, jeweils einer Vorlage zu. Überlegen Sie dabei, für welche Folie ein Bild sinnvoll sein könnte.

Folie ....

Titel
Untertitel
Name

Folienüberschrift

• Aussage 1

• Aussage 2

• Aussage 3

• Aussage 4

Folienüberschrift

• Aussage 1

• Aussage 2

• Aussage 3

• Aussage 4

Bild

2 Bei *Wikipedia* (commons.wikimedia.org) finden Sie Bilder, die Sie in einer akademischen Präsentation verwenden dürfen. Suchen Sie dort Bilder, die Sie in Ihrer Präsentation verwenden möchten.

3 Erstellen Sie die Titelfolie Ihrer Präsentation im Rahmen *A*. Eine Vorlage gibt es auf Seite 28.

4 Erstellen Sie jetzt die inhaltlichen Folien für Ihre Präsentation. Schreiben Sie die Stichworte Ihrer Präsentation mit Aufzählungszeichen wie in den Vorlagen. Beachten Sie alle Regeln, die Sie bisher kennengelernt haben.

TIPP

Wenn Sie möchten, können Sie die Texte auch mit dem Computer schreiben und die Ausdrucke dann einkleben (Schreibvorlage 1 auf der CD-ROM).

A

B

C

D

E

F

Arbeitstechniken wiederholen

1 Verarbeiten Sie den Text zu einer Folie für einen Vortrag vor Touristen, die Urlaub an der Nordsee machen möchten (Schreibvorlage 2).

Infokasten Seite 25

Eine Wanderung bei Ebbe auf dem nun freiliegenden Meeresgrund, dem Watt, ist sehr gefährlich. Sie sollten daher nie ohne einen Kalender unterwegs sein, der die genauen Zeiten für Ebbe und Flut enthält. Diesen Kalender nennt man *Tidenkalender*. Bevor Sie loswandern, können Sie mithilfe dieses Kalenders die Uhrzeit berechnen, zu der Sie Ihren Rückweg antreten müssen. Für eine sichere Wattwanderung sollten Sie auch immer einen Kompass und ein Fernglas mitnehmen. Das kann Ihr Lebensretter werden. Häufig vergessen wird, dass sich Wattwanderer bei ihrem Hotel ab- und wieder anmelden sollten. Geben Sie im Hotel auch an, wohin Sie ungefähr gehen möchten. Beachten Sie die Hinweise der Einheimischen, die sich mit den Gezeiten meistens gut auskennen. Und zum Schluss: Die sicherste und interessanteste Wattwanderung machen Sie unter der kundigen Führung eines Wattführers.

2 Welche der Aussagen über den Aufbau einer Folie sind korrekt? Kreuzen Sie an.

Infokasten Seite 27

> Die Folien sollten schwarz-weiß sein, um nicht vom Thema abzulenken. ◯
> Der Titel sollte auf jeder Folie an derselben Stelle stehen. ◯
> Der Titel sollte auf jeder Folie immer links oben stehen. ◯
> Die Seitenränder jeder Folie sollten 5 cm betragen, nur am oberen Rand 3 cm. ◯
> Die Schriftgröße des Inhaltsbereichs kann kleiner sein als die Schriftgröße des Titels. ◯
> Auf den Folien sollte man besonders im Inhaltsbereich leere Stellen mit Bildern füllen. ◯
> Für Hervorhebungen kann man Farben benutzen. Die sollten dann aber auf jeder Folie gleich sein. ◯

3 Welches Bild ist für die folgende Folie am besten geeignet? Die Größe der Bilder kann angepasst werden.

Infokasten Seite 28

Die Gezeiten

• Flut
  Wasserpegel steigt
• Ebbe
  Wasserpegel fällt

Bild

4 Sprechen Sie im Kurs über die Bilder und begründen Sie Ihre Auswahl.

Grippe und Grippeschutzimpfung

Unterstützen Sie Ihre Aussagen mit klaren, leicht verständlichen Diagrammen. Zu viele Zahlen und komplizierte Diagramme lenken die Zuhörer ab, und Sie verlieren ihre Aufmerksamkeit.

Einstieg

1   Quiz: Welche Aussage ist korrekt? Kreuzen Sie an.

a   Das Influenza-Virus kann durch Geldscheine übertragen werden. ○

b   Schweine erkranken durch den Kontakt mit Hühnern an Influenza. ○

c   Bei Grippe helfen am besten starke Antibiotika. ○

2   Welche Maßnahmen ergreifen Sie, um sich vor einer Infektion durch ein Grippevirus zu schützen?

....

....

3   Was ist der Unterschied zwischen Viren und Bakterien? Ergänzen Sie die Sätze.

>   .... können sich selbst vermehren.

>   .... brauchen andere Zellen, um sich zu vermehren.

Den Erwartungshorizont der Zuhörer bestimmen

1 **Sie studieren Medizin. Der Professor Ihrer Arbeitsgruppe bittet Sie um einen Vortrag.**
Lesen Sie seine E-Mail und beantworten Sie dann die Fragen.

An:	lopez.m@uni-cd.de
Betreff:	Vortrag für das „Offene Labor"

Lieber Herr Lopez,

wie Sie wissen, haben wir übernächsten Samstag das „Offene Labor" unseres „Instituts für Gesundheits-
bildung". Wir erwarten eine Gruppe von ca. 20 Gymnasiasten, die sich für medizinische Themen interessieren. Ich bitte Sie, für die Gruppe einen Vortrag über „Grippe und Grippeschutzimpfung" zu übernehmen.
Sie sollten den Schülern erklären, wie die Ansteckung funktioniert. Die Schüler sollten auch verstehen, wie
wichtig eine Grippeschutzimpfung sein kann. In Deutschland ist die Durchimpfungsquote ja noch lange
nicht ausreichend! Zeigen Sie mal eine Statistik. Damit die Schüler vielleicht auch zu Hause bei ihren Eltern
für die Impfung werben, erklären Sie, für welchen Personenkreis eine Impfung besonders wichtig ist.
Der Vortrag sollte nicht länger als 20 Minuten sein, denn Schüler langweilen sich schnell. Ich füge eine
Grafik bei, die Ihnen erste Informationen gibt. Weitere Infos finden Sie auf den Seiten des Robert-Koch-
Instituts. Bitte schauen Sie mal dort und machen Sie auch ein bisschen Werbung für unser Institut. …

a   Welches Wissen bringt die Gruppe wahrscheinlich mit?

....

b   Notieren Sie übersichtlich, welche Themenbereiche Sie ansprechen sollen.

>   *Ansteckung* ....

>   ....

>   ....

>   ....

>   ....

c   Hat der Professor ein wichtiges Thema vergessen, das für die Schüler interessant sein könnte?

....

d   Was möchten Sie mit Ihrem Vortrag erreichen?

>   Erkenntnisgewinn   ○

>   Handlungsanweisung   ○

>   Entscheidungsfindung   ○

> **INFO**
>
> Informationen zu den Zielen
> einer Präsentation finden Sie
> im Infokasten auf Seite 16.

Daten visualisieren

1 Ordnen Sie die Ziele den Diagrammen zu.

1 Entwicklung   2 Zusammensetzung   3 Frequenz   4 Sequenz

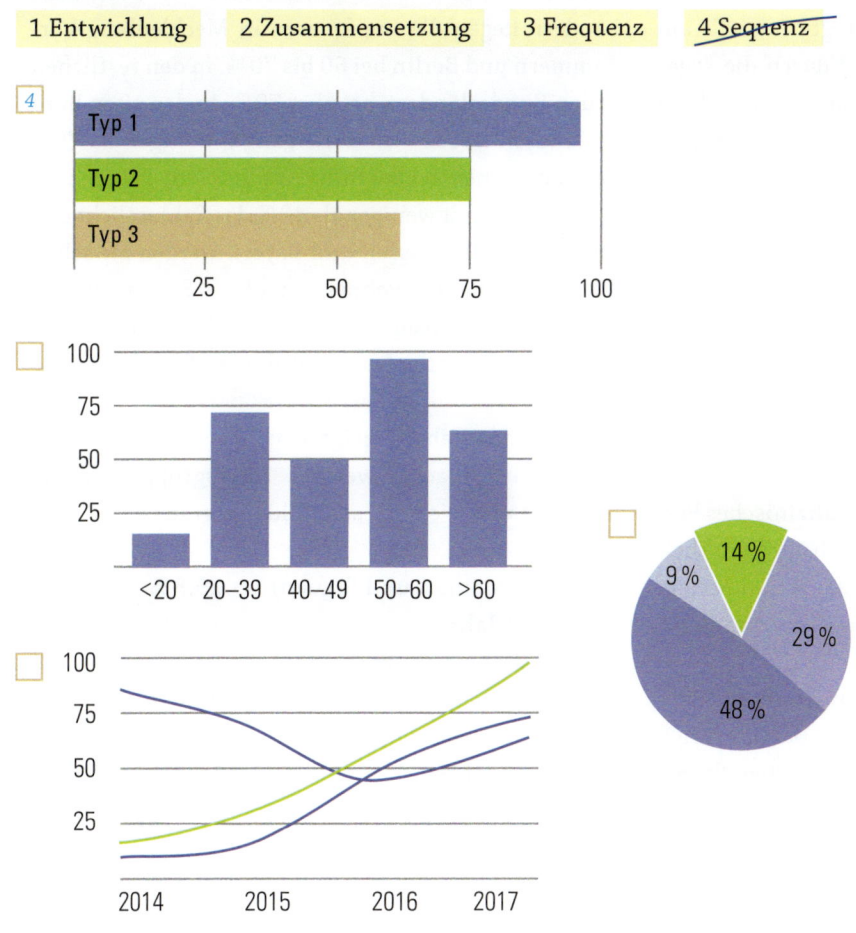

2 Die Zahlen in der Tabelle unterscheiden nach Kontinenten.
Veranschaulichen Sie diesen Unterschied in einem Frequenzdiagramm.

Erkrankungen an Masern auf drei Kontinenten (gerundet)	1990	2000	2005
Afrika	481 000	520 000	320 000
Südostasien	225 000	62 000	84 000
Europa	235 000	37 000	37 000

Quelle: WHO

Grippeschutzimpfung in Deutschland

In jedem Jahr überrollt eine Grippewelle ganz Deutschland und verursacht schweren wirtschaftlichen Schaden durch krankheitsbedingte Ausfälle am Arbeitsplatz. Diese Grippewelle wird durch die soge-
5 nannten Influenza-Viren verursacht. Gegen diese Viren wird in jedem Jahr ein geeigneter Impfstoff entwickelt. Die Impfung damit könnte eine effektive und kostengünstige Methode sein, die durch die Grippe verursachten schweren Krankheitsverläufe zu ver-
10 ringern, wenn nicht sogar vor einer Ansteckung zu schützen.

Eine Impfung wird von der *Ständigen Impfkommission* (STIKO) insbesondere für Angehörige von Risikogruppen empfohlen. Zu diesen Risikogruppen gehören
15 Menschen ab 60 Jahren, Schwangere, Personen, die in Alters- oder Pflegeheimen wohnen, medizinisches Personal und Personen mit chronischen Grundkrankheiten: mit chronischen Herz- und Kreislaufkrankheiten, Leber- und Nierenkrankheiten, Atemwegserkrankun-
20 gen, Stoffwechsel- und Krebskrankheiten.

Leider werden die Empfehlungen zur Impfung nicht genug beachtet. Die *Weltgesundheitsorganisation* (WHO) empfiehlt Influenza-Impfquoten von 75 % bei älteren Menschen. In der Realität liegt die Impfquote jedoch
25 bei Menschen über 60 Jahren nur bei durchschnittlich 56,6 %. Dabei gibt es einen großen Unterschied zwischen Männern und Frauen: Die Quote bei Frauen liegt bei 58,5 %, bei Männern dagegen nur bei 54,3 %. Auch in der Gruppe der chronisch Kranken wird der
30 vorbeugende Impfschutz nicht sehr ernst genommen. Insgesamt lassen sich in dieser Gruppe lediglich 43,8 % impfen. In dieser Gruppe ist der Unterschied zwischen Männern und Frauen nicht so markant: 44,5 % der Frauen und 43,0 % der Männer lassen sich impfen.
35 Sehr enttäuschend ist das Impfverhalten der Gruppe des medizinischen Personals: Hier lassen sich durchschnittlich 21,1 % der Frauen und 24,6 % der Männer impfen. Der Gesamtdurchschnitt beträgt 21,9 %. Gerade bei Angehörigen dieser Risikogruppe sollte
40 man annehmen, dass sie jeden Schutz gegen Influenza ergreifen.

Auch das allgemeine Impfverhalten ist nicht sehr ermutigend: Schaut man sich die Statistik an, wird ersichtlich, dass die Impfbereitschaft im Osten von
45 Deutschland größer ist als im Westen. In den neuen Ländern liegen die Impfquoten in Mecklenburg-Vorpommern und Berlin bei 60 bis 70 %, in den restlichen neuen Bundesländern bei über 70 %. In den alten Bundesländern lassen sich durchgängig weniger als 70 %
50 der Einwohner gegen Influenza impfen. Rheinland-Pfalz nimmt mit weniger als 40 % das Schlusslicht ein. Im Saarland, in Hessen und Bayern werden zwischen 40 und 50 % der Einwohner geimpft. In Schleswig-Holstein, Niedersachsen, Bremen, Nordrhein-Westfalen
55 und Baden-Württemberg liegt die Impfrate bei 50 bis 60 %.

Die folgende Tabelle zeigt klar, dass es auch einen Unterschied macht, welcher Altersgruppe jemand angehört und wie hoch sein Bildungsgrad ist:

Gesamt (Männer und Frauen)	**29,8 %**
18 bis 29 Jahre	**12,4 %**
Untere Bildungsgruppe	13,1 %
Mittlere Bildungsgruppe	12,0 %
Obere Bildungsgruppe	13,2 %
30 bis 44 Jahre	**18,3 %**
Untere Bildungsgruppe	16,8 %
Mittlere Bildungsgruppe	16,8 %
Obere Bildungsgruppe	21,5 %
45 bis 64 Jahre	**28,0 %**
Untere Bildungsgruppe	24,2 %
Mittlere Bildungsgruppe	28,1 %
Obere Bildungsgruppe	29,1 %
ab 65 Jahren	**56,9 %**
Untere Bildungsgruppe	52,5 %
Mittlere Bildungsgruppe	57,2 %
Obere Bildungsgruppe	58,4 %

Für gesundheitspolitische Maßnahmen lässt sich also zusammenfassend festhalten, dass insbesondere bei
80 jüngeren Menschen und bei Krankenhauspersonal vermehrt Aufklärungsarbeit geleistet werden muss, damit Deutschland bei einer schweren Grippeepidemie keine volkswirtschaftlichen Schäden davonträgt.

Zahlen: Robert Koch-Institut

Relevante Daten auswählen

1 Lesen Sie den Text *Grippeschutzimpfung in Deutschland* bis Zeile 41 und markieren Sie alle Zahlen, die darin vorkommen mit ihrem Kontext.

2 Ordnen Sie die Zahlen, die von Zeile 1 bis Zeile 41 genannt werden, übersichtlich nach Kategorien.

Influenza-Impfquoten bei

> *älteren Menschen: gesamt: 56,6%, Frauen: 58,5%, Männer: 54,3%*

> *chronisch Kranken: gesamt: 43,8%, Frauen:*

> ....

3 Mit welchem Diagramm lassen sich die Zahlen von Aufgabe 2 am besten darstellen?

Entwicklung   ○   Zusammensetzung   ○   Frequenz   ○   Sequenz   ○

4 Mit welchem Diagramm lassen sich die Zahlen von Zeile 42 bis 56 am besten darstellen? Kreuzen Sie an.

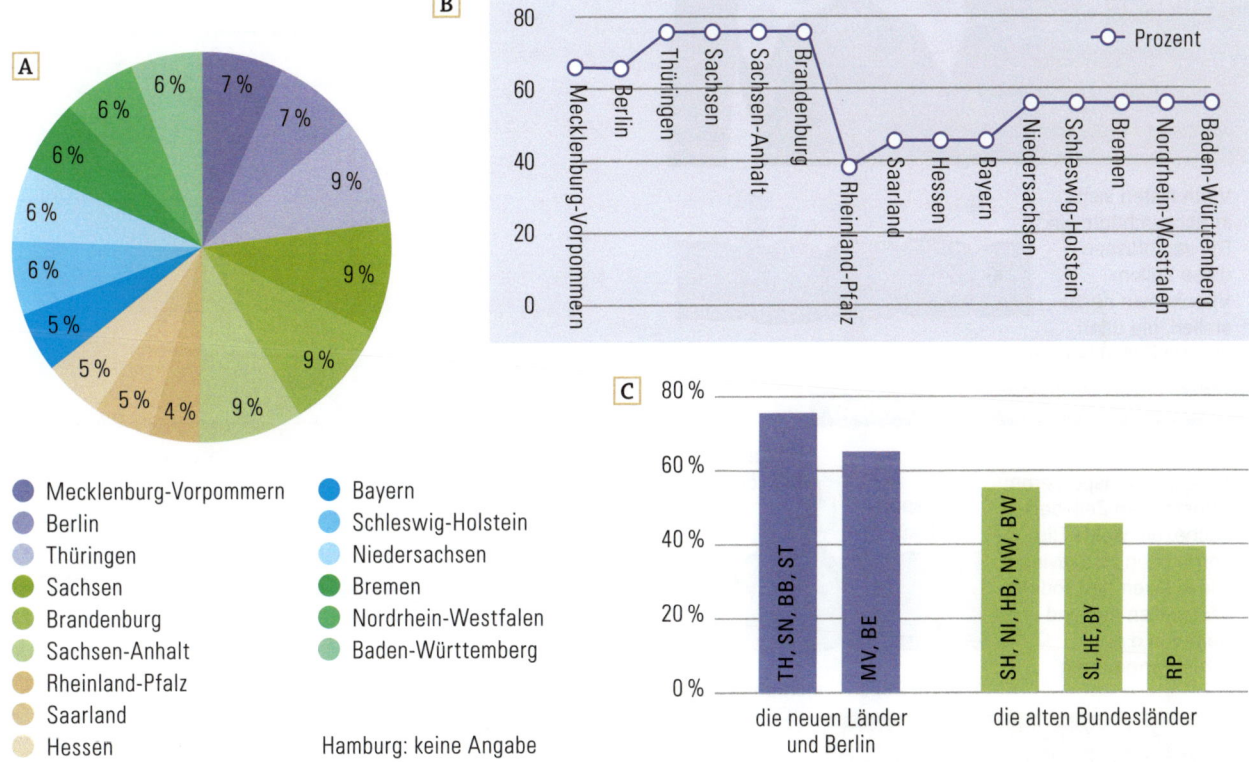

5 Welche Zahlen der Tabelle von Zeile 61 bis Zeile 77 sind wahrscheinlich für die Zielgruppe Ihrer Präsentation wichtig? Markieren Sie diese Zahlen.

6 Mit welchem Diagramm lassen sich diese Zahlen veranschaulichen? Notieren Sie den Namen des Diagramms.

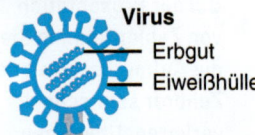

Die Grippe

Der Erreger

Virus
- Erbgut
- Eiweißhülle

- kommt weltweit vor
- verändert sich; daher muss der Impfstoff jährlich angepasst werden

Infektion durch Tröpfchen

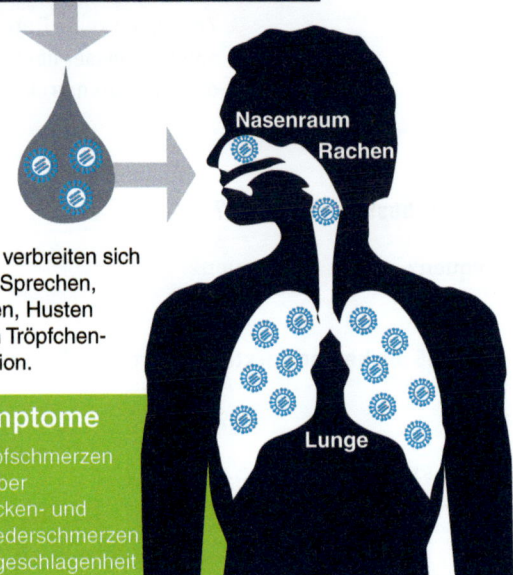

Nasenraum
Rachen

Lunge

Viren verbreiten sich beim Sprechen, Niesen, Husten durch Tröpfcheninfektion.

Symptome
- Kopfschmerzen
- Fieber
- Rücken- und Gliederschmerzen
- Abgeschlagenheit

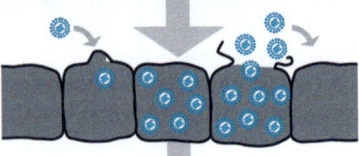

Viren nisten sich in Schleimhäute ein. Sie veranlassen diese Zellen, Virenkopien herzustellen, die dann weitere Zellen befallen.

Reaktion des Immunsystems

Moleküle transportieren Virusteile an Zelloberfläche, um weiße Blutkörperchen zu aktivieren. Diese lösen den Tod der Wirtszellen aus und hemmen die Virus-Vermehrung.

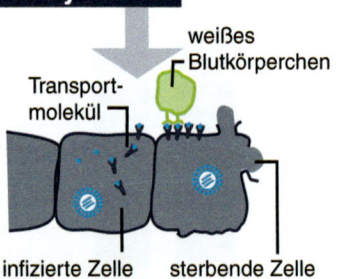

weißes Blutkörperchen
Transportmolekül
infizierte Zelle   sterbende Zelle

unterstützende Behandlung
- am Anfang Grippe-Pille gegen Virusvermehrung
- Bettruhe
- viel Flüssigkeit

Quelle: dpa
© Globus
4584

---

1. Erreger der Grippe

– ein Virus

2. Kennzeichen des Virus

– Verbreitung weltweit

– häufige Veränderung

3. Konsequenz

– Impfstoff muss jährlich angepasst werden

Verbreitung durch Tröpfcheninfektion:

–

Eine Infografik auswerten

1   Sehen Sie die Infografik auf Seite 36 an. Welche Themen werden dort behandelt? Kreuzen Sie an.

> Auslöser der Grippe ○
> Aufbau der Schleimhaut ○
> infizierte Zellen ○
> Wege der Infektion ○

> Merkmale der Grippe ○
> Vorgänge im Immunsystem ○
> Therapie bei Grippe ○
> Atmungsorgane beim Menschen ○

2   Die Infografik ist in zwei große Teile gegliedert, die farbig gekennzeichnet sind. Was sind die Themen dieser beiden Teile?

1. schwarz: ....

....

2. grün: ....

....

3   Lesen Sie die Infografik und notieren Sie die Ihrer Meinung nach wesentlichen Informationen in kurzen Stichpunkten wie im Beispiel. Benutzen Sie die Linien auf Seite 36.

4   Beschreiben Sie mit eigenen Worten den Weg des Virus durch den Körper, wie er in der Grafik gezeigt wird. Benutzen Sie ggf. ein gesondertes Blatt Papier.

....

....

....

....

....

5   In den Texten kommen einige medizinische Fachwörter vor. Markieren Sie diese Fachwörter in der Infografik.

6   Welche dieser Fachwörter müssen Sie vielleicht erklären? Schreiben Sie die Wörter und eine verständliche Erklärung auf.

....

....

....

....

INFORMATIONEN VEREINFACHEN

Bei einer Präsentation sind Sie die/der Spezialist/in und die Zuhörer die Laien. Erklären Sie daher komplizierte Sachverhalte so, dass auch Laien den Sachverhalt verstehen können. Benutzen Sie dazu einfache Sätze und Ausdrücke. Wenn Sie doch Fachausdrücke benutzen, die wahrscheinlich nicht allgemein bekannt sind, erklären Sie sie.

Informationen verdichten

1 **Lesen Sie den Text *Grippeschutzimpfung in Deutschland* auf Seite 34 noch einmal. Notieren Sie auch für den Text die Themen, die dort behandelt werden, mit einem Stichwort.**

> *Grippe wird durch Influenza-Viren verursacht.*
>
> ....
>
> ....
>
> ....
>
> ....
>
> ....
>
> ....
>
> ....
>
> ....
>
> ....
>
> ....

2 **Streichen Sie die Themen durch, die für Ihre Zielgruppe wahrscheinlich nicht interessant sind oder die zu sehr ins Detail gehen. Beachten Sie die Vorschläge, die Ihr Professor in der E-Mail auf Seite 32 gemacht hat.**

3 **Sehen Sie jetzt noch einmal die Themen der Infografik an, die Sie auf Seite 37 bei Aufgabe 1 notiert haben. Streichen Sie auch dort die Themen durch, die Sie nicht verwenden können.**

4 **Ergänzen Sie nun das wichtigste Ziel Ihrer Präsentation in der Mitte der Skizze. Notieren Sie dann die Themen Ihrer Präsentation in den Kästchen. Wenn Sie noch mehr Themen haben, als hier Kästchen vorgegeben sind, streichen Sie weitere Themen durch.**

Mit meiner Präsentation möchte ich erreichen, dass ....

....

RELEVANTE INFORMATIONEN FILTERN

Wenn Sie sich intensiv mit einem Thema beschäftigen, geschieht es sehr schnell, dass Sie über viele Informationen zu dem Thema verfügen. Die Schwierigkeit, das Material für eine Präsentation aufzubereiten, liegt dann häufig darin, diese Informationen im Hinblick auf die Zielgruppe und die Zeit, die zur Verfügung steht, zu filtern, also aus der Vielfalt von Informationen die für Ihr Publikum wichtigen herauszufiltern.

- Schreiben Sie das wichtigste Ziel Ihrer Präsentation in einem Satz auf.
- Zeichnen Sie dann von diesem Satz Linien gemäß der Anzahl von Folien, die Sie verwenden können (vgl. Infokasten Seite 26).
- Schreiben Sie am Endpunkt jeder Linie die Überschrift eines Themas, das Sie für die Erreichung Ihres Ziels behandeln möchten.

Auf diese Weise haben Sie von Beginn an eine Übersicht, mit der Sie mit dem Aufbau Ihrer Folien beginnen können.

Die Titelfolie anfertigen

1 Lesen Sie noch einmal die E-Mail des Professors auf Seite 32. Welche
Informationen für eine Titelfolie können Sie der E-Mail entnehmen?
Notieren Sie die Informationen neben den Stichwörtern. Wenn es keinen
passenden Eintrag gibt, können Sie die Reihe frei lassen oder eine
passende Information erfinden.

Titel: ....

Untertitel: ....

Ihr Name: ....

Position im Institut: ....

Name des Instituts: ....

Veranstaltungsname: ....

Datum: ....

2 Schreiben Sie diese Informationen auf Ihre Titelfolie (Schreibvorlage 3).
Gestalten Sie die Folie so, dass die Position und Größe der Information
die Wichtigkeit widerspiegelt.

**INFORMATIONEN FÜR
DEN TITEL BESTIMMEN**

Die Titelfolie ist der Einstieg zu
Ihrer Präsentation. Sie sollte das
Interesse der Zuhörer wecken.
Häufig sehen die Zuhörer die
Titelfolie auch während der Zeit,
in der sie auf den Beginn des Vor-
trags warten. Überlegen Sie daher
gut, welche Informationen auf der
Titelfolie gezeigt werden sollen.
Das ist teilweise abhängig von
dem Auftraggeber der Präsen-
tation. Wenn Sie unsicher sind,
fragen Sie nach.
Ihre Titelfolie sollte immer fol-
gende Informationen enthalten:
• Titel der Präsentation
• Untertitel der Präsentation
• Ihr Name und ggf. Ihr Titel
Es kann sein, dass Sie noch
zusätzlich folgende Informationen
angeben müssen:
• Ihre Position in der Firma,
  Universität oder dem Institut
• Name und Logo der Firma,
  Universität oder des Instituts
• Anlass der Präsentation
  (Veranstaltungsname)
• Datum
Lesen Sie noch einmal die Info-
kästen auf Seite 11 und 14.

3 Sprechen Sie zu zweit oder in einer kleinen Gruppe, welches Grunddesign (Farbe, Bild, Art der Schrift)
für die Titelfolie und die anderen Folien des Vortrages sinnvoll wäre. Beschreiben Sie dieses Design in
ein oder zwei Sätzen.

....

....

Inhaltsfolien erstellen

1 Bei Aufgabe 4 auf Seite 38 haben Sie bereits die Themen für Ihre Präsentation formuliert. Schreiben Sie diese Themen in Form von Folientiteln in der richtigen Reihenfolge in die Folienrahmen.

TIPP

Wenn Sie das Kapitel „Präsentation 1" noch nicht bearbeitet haben, lesen Sie Seite 28.

2 Schreiben Sie die inhaltlichen Stichpunkte, die Sie bis jetzt vorbereitet haben, zu den passenden Folien (Schreibvorlage 4). Zeichnen Sie auch die Diagramme ein, die Sie benutzen möchten.

A

B

C

D

E

F

Die Inhaltsübersicht und Zusammenfassung erstellen

1 Erstellen Sie die Inhaltsübersicht für Ihre Präsentation (Schreibvorlage 5).

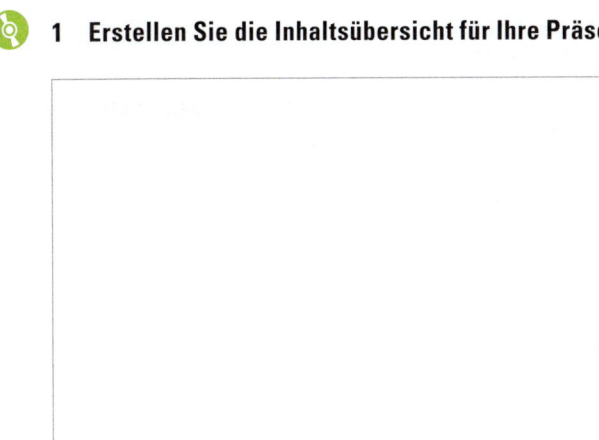

2 Welche Folie halten Sie als Abschlussfolie für die Präsentation *Grippe und Grippeschutzimpfung* geeignet? Kreuzen Sie an und begründen Sie Ihre Entscheidung.

Zusammenfassung

- Grippevirus ändert sich jährlich
- Durchimpfung der Bevölkerung nicht ausreichend
- Besonders bei Risikogruppen ist jährliche Grippeimpfung wünschenswert

○

....

....

....

....

....

....

Zusammenfassung

- Viren verbreiten sich beim Sprechen
- Durchimpfung bei unterer Bildungsgruppe nicht ausreichend
- In Ostdeutschland ist Durchimpfung besser als im Westen

○

....

....

....

....

....

....

3 Sprechen Sie zu zweit. Was wollten Sie mit Ihrem Vortrag erreichen? Sagen Sie den Zuhörern, was das Ziel Ihrer Präsentation war, und bedanken Sie sich für die Aufmerksamkeit.

Arbeitstechniken wiederholen

1 Verarbeiten Sie die Zahlen der Tabelle zu einem Diagramm, das der Intention des beschreibenden Textes entspricht.

Infokasten Seite 33

Todesfälle aufgrund Influenza in der Schweiz

1995/96:	222	2002/03:	54
1996/97:	324	2003/04:	79
1997/98:	368	2004/05:	132
1998/99:	261	2005/06:	11
1999/00:	319	2006/07:	34
2000/01:	37	2007/08:	18
2001/02:	79		

Wie die Tabelle anschaulich zeigt, verläuft die Entwicklung der Anzahl der Todesfälle aufgrund von Influenza in der Schweiz insgesamt positiv. Dies ist wahrscheinlich auf die Qualität des Impfmaterials und die Durchimpfung der Bevölkerung zurückzuführen.

(Quelle: Bundesamt für Gesundheit, Schweiz)

2 Welche Folie gibt den Inhalt des Textes für Laien am besten wieder? Kreuzen Sie an.

Infokasten Seite 37

○
- Rötung der Einstichstelle: 10 % bis 40 %
  > bis zu zwei Tage
- allgemeine leichte Beschwerden
  > Fieber, Unwohlsein, Kopfschmerzen
- 1 Person von 10 000
  > schwere allergische Reaktionen

○
- schwere allergische Reaktionen
  > Asthma, Angioödem, Anaphylaxie
  > 1/10 000 der Geimpften
- leichte allergische Reaktionen
  > von Rötung der Einstichstelle bis Unwohlsein
  > 5 % bis 40 % der Geimpften

Es ist möglich, dass bei einer Impfung gegen Influenza Nebenwirkungen auftreten. Meistens bestehen diese Nebenwirkungen nur in einer leichten Rötung der Einstichstelle (bei 10 bis 40 % der Geimpften). Diese Rötung bleibt wenige Stunden bis zwei Tage bestehen. Bei 5 bis 10 % der Geimpften kommt es zu Fieber, Unwohlsein, Muskel-, Gelenk- und Kopfschmerzen. Es ist auch möglich, dass leichte Symptome von Grippe auftreten. Bei einer Person unter 10 000 Geimpften kommt es zu schweren allergischen Reaktionen, die durch eine Allergie gegen Hühnerei-Proteinen bedingt sind. Die allergischen Reaktionen sind

- Asthma
- Angioödem
- Anaphylaxie.

(Quelle: Bundesamt für Gesundheit, Schweiz)

3 Welche Informationen passen auf eine Titelfolie zu dem Text? Kreuzen Sie an.

Infokasten Seite 39

> Nebenwirkungen der Grippeschutzimpfung ○
> Asthma-Symptom der Grippeschutzimpfung ○
> Kopfschmerzen: Nebenwirkung von Impfungen ○
> Mögliche Nebenwirkungen der Grippe ○

> Dr. Corinna Jäger ○
> Allergie und Hühnerei-Proteine ○
> Bundesamt für Gesundheit ○
> Allergie durch Grippeschutzimpfung ○

Leben und Forschen in der Antarktis

Üben Sie Ihren Vortrag, bis Sie ihn beherrschen. Die mündliche Präsentation sollte keine Pflicht, sondern eine Freude sein: Endlich können Sie Ihren gut vorbereiteten Vortrag einem Publikum präsentieren!

DAS LERNEN SIE

- Begrüßungen formulieren
- Eine Einleitung formulieren
- Eine Infografik beschreiben
- Die Aufmerksamkeit der Zuhörer lenken
- Bilder, Grafiken und andere Medien ankündigen
- Einen Vortrag abschließen
- Die Zuhörer verabschieden
- Einen Vortrag als Ganzes präsentieren

Einstieg

1 Das Antarktis-Quiz: Was ist richtig? Kreuzen Sie an.

a Die Antarktis liegt ○ am Nordpol. ○ am Südpol.
b Die kälteste gemessene Temperatur beträgt ○ ca. −60° Celsius. ○ ca. −90° Celsius.
c Der höchste Punkt in der Antarktis ist etwa ○ 5000 m hoch. ○ 6000 m hoch.
d Der Kontinent Antarktika ist etwa ○ so groß wie Australien. ○ doppelt so groß wie Australien.

2 Was passt in der Collage zur Antarktis? Markieren Sie die passenden Bilder.

3 Haben Sie eine Idee, was auf Bild B zu sehen ist? Notieren Sie Ihre Idee in einem kurzen Satz.

....

4 Warum fressen Eisbären keine Pinguine?

....

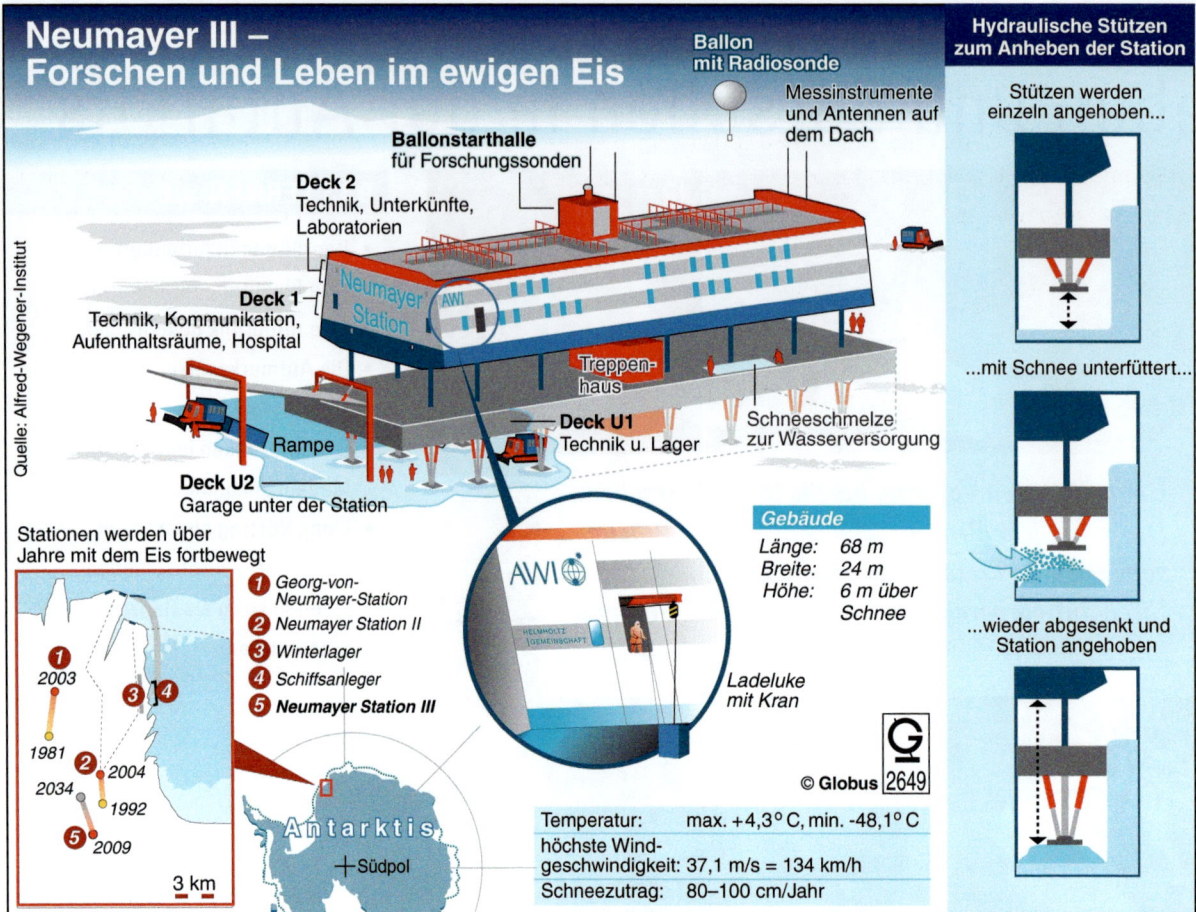

Wie viele andere Nationen unterhält auch die Bundesrepublik Deutschland Forschungstationen in der Antarktis. Die neueste Forschungsstation, die vom Alfred-Wegener-Institut betrieben wird, ist die Neumayer-Station III.

Mit der Einweihung dieser Station im Februar 2009 wurde zum ersten Mal eine Forschungsstation in der
5 Antarktis in Betrieb genommen, deren Räume für Wohnen und Forschen auf einer Plattform oberhalb der Schneedecke installiert sind. Da die Obergrenze des Schnees im Gebiet der Neumayer-Station jedes Jahr um 80–100 cm zunimmt, wäre die Plattform bald von Schnee bedeckt. Um das zu vermeiden, haben sich die Ingenieure, die die Forschungsstation geplant haben, eine besondere, umweltfreundliche Technik ausgedacht: Der jährliche Schneezutrag kann ausgeglichen werden, weil die gesamte Station auf 16 hydraulischen Stützen
10 gebaut wurde. Diese Stützen werden einzeln angehoben. In den Zwischenraum wird dann Schnee gefüllt. Danach kann die ganze Station angehoben werden. So kann sichergestellt werden, dass die Station immer über der Schneedecke bleibt, ohne dass von Menschen gemachte Teile im Schnee zurückbleiben und die Umwelt belasten.

Die Energie der Station wird von einem Blockheizkraftwerk, dessen Abwärme zum Heizen genutzt wird, und
15 von einer Windkraftanlage zur Verfügung gestellt.

In der Station arbeiten und leben während des antarktischen Winters acht Wissenschaftler und ein Koch, die 14 bis 15 Monate in der Station verbringen. In den Unterkunftsräumen können bis zu 40 Personen schlafen. Die Lounge der Station ist nach Süden ausgerichtet und mit großen Fenstern ausgestattet. Die Station verfügt außerdem über eine Sauna, einen Trainingsraum und ein Hospital.

20 Die Wissenschaftler der Station führen u. a. Strahlungs- und Klimamessungen durch, machen Untersuchungen zur Zusammensetzung der Atmosphäre und zeichnen akustische Langzeitaufnahmen der Unterwassertöne an der Eiskante auf.

Quelle: Alfred-Wegener-Institut

Informationen zusammentragen

1 Sie sind Mitarbeiter/in am Alfred-Wegener-Institut, das die Neumayer-Station III in der Antarktis betreibt. Ihre Aufgabe ist, Doktorandinnen und Doktoranden aus verschiedenen Fachgebieten, die sich für ein Praktikum auf der Neumayer-Station III beworben haben, über die allgemeine Situation und die innovative Technik der Station zu informieren. Ihnen wurden im Voraus folgende Fragen geschickt. Lesen Sie diese Fragen.

1. Wie ist die Forschungsstation aufgebaut?
2. Wo steht die Forschungsstation genau?
3. Wie kann die Forschungsstation immer über der Schneedecke bleiben?
4. Wie ist das Wetter in der Antarktis?
5. Seit wann gibt es die Forschungsstation?
6. Wie viele Personen können in der Forschungsstation leben?
7. Wieso ist die Forschungsstation nicht schädlich für die Umwelt der Antarktis?
8. Wie wird die Energie, die die Forschungsstation benötigt, gesichert?
9. Was machen die Wissenschaftler, die in der Forschungsstation leben?

2 Sehen Sie jetzt die Infografik auf Seite 44 an und lesen Sie den Text. Wo gibt es Informationen zu diesen Fragen? Schreiben Sie die Nummern der Fragen in die Infografik oder den Text.

3 Entscheiden Sie, welche Fragen die wichtigsten sind. Sie haben Zeit für vier inhaltliche Folien. Formulieren Sie die Fragen als Überschriften um.

1. Aufbau der Station

2.

3.

4.

4 Formulieren Sie für die Folien inhaltliche Stichpunkte, die zu Ihren Überschriften passen. Die notwendigen Informationen haben Sie bereits in Aufgabe 2 gekennzeichnet.

1. vier Decks: U2 – Garage; U1 – Technik und Lager; Deck 1 – Aufenthaltsräume, Hospital; Deck 2 – Technik, Unterkünfte, Laboratorien + Dach: Messinstrumente u. Antennen

2.

> **TIPP**
>
> Weitere Informationen finden Sie auf den Seiten des Alfred-Wegener-Instituts (www.awi.de).

Folien erstellen

TIPP

Wenn Sie die vorherigen Kapitel noch nicht bearbeitet haben, lesen Sie die Infokästen der Seiten 27, 28 und 39.

 1 Tragen Sie nun Ihre Notizen zu den Aufgaben 3 und 4 von Seite 45 in die Folien ein (Schreibvorlage 6). Die erste Folie sollte die Titelfolie Ihrer Präsentation sein. Lassen Sie Folie 2 mit der Inhaltsübersicht zunächst weg. Die letzte Folie zeigt Ihre Zusammenfassung.

1

2

3

4

5

6

2 Zeichnen Sie in Skizzenform passende Bilder oder Illustrationen in Ihre Folien ein.

Vortragsnotizen erstellen

1 Lesen Sie Folie 3. Rechts daneben finden Sie in Stichpunkten Informationen, die auf der Folie keinen Platz hatten. Ordnen Sie sie auf der Karteikarte zu hilfreichen Vortragsnotizen.

<table>
<tr><td>

3   **Aufbau der Neumayer-Station III**

- Dach
  Messstationen, Antennen, Starthalle für Messballons

- Über dem Schnee
  2 Decks: Technik, Labore, Kommunikation, Aufenthaltsräume, Hospital

- Unter dem Schnee
  2 Decks: Technik und Garage für Fuhrpark

</td><td>

Lager   Garage verschließbar

16 hydraulische Stützen

Unterkunftsräume für 40 Personen

Motorschlitten und Pistenbullys

Messungen zu ~~Strahlung~~ und Klima

Hospital mit telemedizinischer Unterstützung

Lounge mit Fenstern nach Süden

</td></tr>
</table>

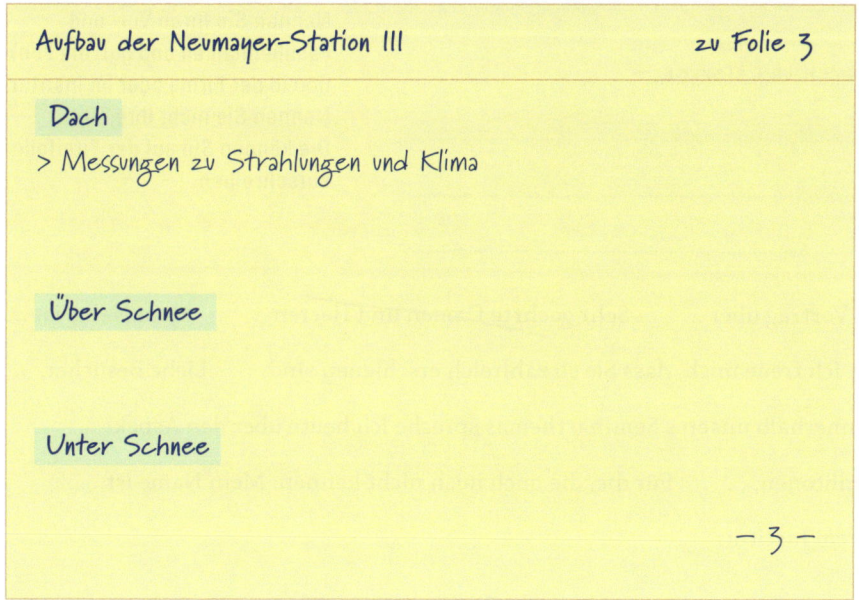

Aufbau der Neumayer-Station III   zu Folie 3

Dach
> Messungen zu Strahlungen und Klima

Über Schnee

Unter Schnee

— 3 —

TIPP

Lesen Sie noch einmal den Infokasten auf Seite 15, wenn Sie die vorherigen Kapitel noch nicht bearbeitet haben.

2 Gibt es zusätzliche Informationen, die Sie in Ihrem Vortrag erwähnen möchten? Schreiben Sie diese Informationen in Stichworten auf.

zu Folie ....

3 Schreiben Sie für Ihre Inhaltsfolien Vortragsnotizen auf Karteikarten oder Blätter im A5-Format. Notieren Sie dort auch die Zusatzinformationen, die Sie bei Aufgabe 2 notiert haben.

Begrüßung der Zuhörer und Selbstvorstellung

1 Schreiben Sie die Begrüßungen und Selbstvorstellungen in die passenden Kategorien. Einige Wendungen können mehrmals verwendet werden.

Anlass	Redewendungen
Vortrag im Uni-Seminar	
Vortrag bei einem Kongress	Sehr geehrte Damen und Herren —
Vortrag für Besucher eines Instituts	Sehr geehrte Damen und Herren —

Heute ist die Reihe an mir mit dem Vortrag über ...   Sehr geehrte Damen und Herren ...   Mein Name ist ...

Sehr geehrter Herr Professor ...   Ich freue mich, dass Sie so zahlreich erschienen sind.   Liebe Besucher, ...

Liebe Kongressteilnehmer, ...   Innerhalb unseres Seminarthemas spreche ich heute über den Aspekt ...

Liebe Kommilitoninnen und Kommilitonen, ...   Für die, die mich noch nicht kennen: Mein Name ist ...

Guten Tag, ich begrüße Sie in unserem Institut.

2 Welche Teile passen zusammen? Ordnen Sie zu.

Sehr geehrte Damen und Herren,

Guten Tag, ich begrüße Sie in unserem Institut.

Liebe Kommilitoninnen und Kommilitonen,

Heute behandle ich den Aspekt

Ich werde Ihnen heute zunächst erklären, wie ...

der ökologischen Probleme in der Antarktis.

mein Name ist Fernanda da Silva.

sehr geehrter Herr Professor ...

3 Welche Variante ist besser? Kreuzen Sie an.

> Guten Tag, ich heiße Herr Wagner. ○
> Guten Tag, ich heiße Matthias Wagner. ○

> Mein Name ist Elke Schlüter. ○
> Mein Name ist Dr. Elke Schlüter. ○

4 Schreiben Sie Notizen für eine Begrüßung für Ihren Vortrag. Üben Sie sie zu zweit.

Den Vortrag einleiten

1 Welche Einleitung finden Sie passend für den Vortrag über die Neumayer-Station III?

○ Sehr geehrte Damen und Herren, Sie haben sich für ein Praktikum auf der Neumayer-Station III in der Antarktis beworben. Ich werde Ihnen in den nächsten 15 Minuten erzählen,
- wieso sich die Station mit dem Eis bewegt,
- dass es auf der Station auch eine große Lounge nach Süden gibt,
- dass die Station mit hydraulischen Stützen immer über dem Schnee gehalten wird und vieles mehr.

Sie sehen also, dass Sie über die Neumayer-Station III in der nächsten Viertelstunde viel lernen werden.

○ Sehr geehrte Damen und Herren, Sie haben sich für ein Praktikum auf der Neumayer-Station III in der Antarktis beworben. Ich werde Sie daher in den nächsten 15 Minuten über die Station selbst und das Leben in der Station informieren. Am Ende werden Sie einen Eindruck davon haben, mit welchen Bedingungen Sie in der Station rechnen müssen. Außerdem werden Sie verstehen, wieso die Neumayer-Station III die modernste Station in der Antarktis ist.

○ Sehr geehrte Damen und Herren, Sie haben sich für ein Praktikum auf der Neumayer-Station III in der Antarktis beworben. Ich werde Ihnen sehr viele Informationen zu dem Leben auf der Station geben. Am Ende werden Sie daher sicherlich einen Eindruck davon haben, wie Sie als Praktikant in der Station Ihr Leben gestalten können.

> **EINE EINLEITUNG FORMULIEREN**
>
> Nachdem Sie Ihr Publikum begrüßt und sich vorgestellt haben, nennen Sie den Titel Ihres Vortrags.
> Geben Sie darüber hinaus noch einige Zusatzinformationen, die das Thema umreißen. Erklären Sie den Zuhörern, was das Ziel des Vortrags ist:
> - Was werden die Zuhörer verstehen?
> - Was werden sie besser können?
> - Was werden sie wissen?
>
> Sie können auch noch erwähnen, wie lange Ihr Vortrag dauern wird, wenn der Zeitrahmen nicht bekannt ist.
> Üben Sie die Einleitung, bis Sie ganz sicher sind. Wenn Sie die Einleitung fehlerfrei sprechen können, kann das helfen, Ihre Nervosität zu überwinden.

2 Lesen Sie noch einmal die passende Einleitung von Aufgabe 1. Welche Aussagen über die Einleitung für einen Vortrag sind richtig? Kreuzen Sie an.

> Man sollte möglichst ausführlich beschreiben, was man in dem Vortrag sagen wird.   ○
> Man sollte die wichtigsten Themen des Vortrags ansprechen, ohne Details zu nennen.   ○
> Wenn es hilft, die Zuhörer zum Zuhören zu motivieren, darf man auch mal etwas übertreiben.   ○
> Die Aussagen über den Nutzen des Vortrags für die Zuhörer sollten realistisch sein.   ○

3 Schreiben Sie eine Einleitung für den Vortrag *Grippe und Grippeschutzimpfung*. Lesen Sie dazu noch einmal die E-Mail von Aufgabe 1 auf Seite 32. Ihre Antworten bei Aufgabe 1b helfen Ihnen bei der Formulierung der Einleitung.

....

....

....

....

....

Redemittel für den Hauptteil der Präsentation

1 Korrigieren Sie die folgenden Sätze zur Infografik auf Seite 44. Es gibt jeweils einen Fehler.

> *der Legende*
> Wie ~~der Grafik~~ zu entnehmen ist, beträgt die Länge der Station 68 Meter.

> In dem vergrößerten Ausschnitt am rechten Bildrand ist zu sehen, dass es eine Ladeluke mit Kran gibt.

> Bitte sehen Sie sich die Zahlen am oberen Bildrand an: Sie zeigen die Wetterbedingungen in der Antarktis.

> Die Bilderserie in der Mitte des Bildes zeigt, wie die Neumayer-Station III hydraulisch angehoben wird.

> In dem Kasten am rechten Bildrand ist zu sehen, wie sich die Neumayer-Station III bis 2034 bewegen wird.

2 Bearbeiten Sie die Aufgaben a–c. Beziehen Sie Ihre Antworten immer auf die Infografik auf Seite 44. Verwenden Sie für Ihre Antworten die Redemittel *Medien erklären* aus der Tabelle auf Seite 80.

a Beschreiben Sie, wie sich die Stationen mit dem Eis fortbewegen.

Wie Sie dem vergrößerten Ausschnitt am linken, unteren Bildrand entnehmen können, bewegen sich die Stationen in unterschiedlicher Geschwindigkeit in nord-nordwestlicher Richtung.

> **EINE INFOGRAFIK BESCHREIBEN**
>
> Wenn Sie bei Ihrem Vortrag eine Infografik verwenden, erklären Sie, was auf dieser Infografik zu sehen ist und welchen Bezug die Grafik zu Ihrem Vortrag hat. Insbesondere, wenn die Infografik sehr komplex ist, müssen Sie sich auf die verschiedenen Teile sprachlich so beziehen, dass die Zuhörer Ihnen sofort folgen können.

b Beschreiben Sie die Wetterbedingungen in der Nähe der Station.

c Beschreiben Sie, wie die Fahrzeuge der Station in die Garage kommen.

3 Arbeiten Sie mit den Infografiken auf Seite 24 und 36. Notieren Sie zu jeder Infografik zwei Fragen.

4 Arbeiten Sie zu zweit: Stellen Sie die Fragen Ihrer Partnerin / Ihrem Partner. Sie/Er muss sie mündlich beantworten.

5 Überlegen Sie, wie Sie zwischen den einzelnen Folien Ihrer Präsentation über die Neumayer-Station III (Seite 46) überleiten können. Schreiben Sie für jede Folie eine passende Überleitung. Sie können dafür die Redemittel *Zum nächsten Punkt überleiten* von Seite 80 benutzen.

Folie 1/2 ....

Folie 2/3 ....

Folie 3/4 ....

....

Folie 4/5 ....

....

Folie 5/6 ....

....

DIE AUFMERKSAMKEIT DER ZUHÖRER LENKEN

Helfen Sie Ihren Zuhörern, zu verstehen, wie die logische Abfolge Ihrer Präsentation ist. Sagen Sie deshalb, was das Publikum als Nächstes erwarten kann. Erklären Sie auch kurz, warum der nächste Schritt erfolgt.

6 Welcher Satz ist eine passende Ankündigung zu der Grafik? Kreuzen Sie an.

> Auf der nächsten Grafik sehen Sie die erwähnte Bewegung der Stationen mit dem Eis. ○

> Wenn Sie die nächste Grafik sehen, achten Sie bitte nicht auf die Zahlen 1 bis 5, denn die sind nicht wichtig. ○

> Auf der nächsten Grafik sehen Sie einen Teil der Antarktis und das Weddell-Meer. Dort wurden verschiedene Forschungsstationen von Deutschland erbaut. ○

> Die nächste Grafik erscheint sehr klein, aber das ist nicht wichtig. Beachten Sie die Größe einfach nicht. ○

BILDER, GRAFIKEN UND ANDERE MEDIEN ANKÜNDIGEN

Eine weitere Art der Aufmerksamkeitslenkung ist die Ankündigung von Medien wie Bildern, Grafiken, Audios oder Videos. Die Zuhörer sollten nicht von den Medien überrascht werden, sondern ihnen sollte bereits klar sein, warum sie z. B. gleich eine Grafik sehen, bevor diese Grafik gezeigt wird. Bereiten Sie das Publikum also vor.
Am besten vermerken Sie solche Ankündigungen auf Ihren Vortragsnotizen.

7 Notieren Sie, wie Sie die Bilder und Illustrationen Ihrer Präsentation (Seite 46) ankündigen. Sie können dafür die Redemittel *Medien ankündigen* von Seite 80 benutzen.

....

....

....

....

....

....

8 Arbeiten Sie zu zweit. Formulieren Sie mündlich Ankündigungen für Medien, die Sie für Ihre Präsentationen auf Seite 29 und Seite 40 vorgesehen haben.

Zusammenfassung der Präsentation

1 Wenn Sie Ihre Informationen bzw. Argumente noch einmal zusammenfassend darstellen, welche Reihenfolge erscheint Ihnen dann günstig?
Die Quadrate sind Ihre Punkte, die Sie in der Präsentation angesprochen
haben. Die Größe zeigt ihre Wichtigkeit an. Bringen Sie die Punkte in
eine günstige Reihenfolge.

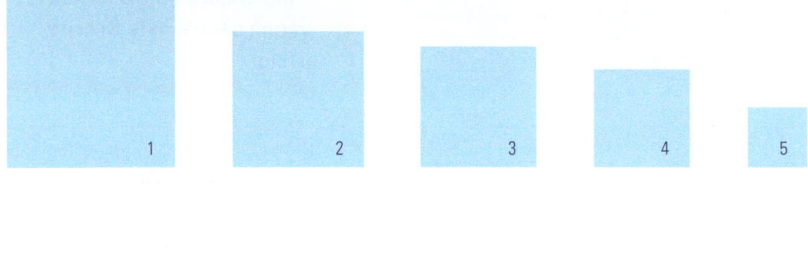

2 Schreiben Sie eine Zusammenfassung für Ihre Präsentation über die
Neumayer-Station III. Verwenden Sie dafür die Redemittel *Ergebnisse
zusammenfassen* auf Seite 80.

....

....

....

....

....

....

3 Welche Abschiedsformeln sind für einen formellen Vortrag akzeptabel?
Kreuzen Sie an.

> Endlich bin ich am Ende. Hoffentlich haben Sie mich gut verstanden.
  Vielen Dank jedenfalls fürs Zuhören.   ◯
> Ich bedanke mich für Ihre Aufmerksamkeit und bitte um Fragen.   ◯
> Ich hoffe, dass Sie nun über das Thema besser informiert sind als
  vor meinem Vortrag. Vielen Dank.   ◯
> Also das war alles, was ich zu dem Thema weiß. Ich hoffe, Sie haben
  etwas gelernt.   ◯
> Vielen Dank für Ihre Aufmerksamkeit. Hiermit eröffne ich die
  Diskussion.   ◯

4 Arbeiten Sie zu zweit: Formulieren Sie mündlich eine Zusammenfassung und eine Verabschiedung für die
Vorträge *Ebbe und Flut* (Seite 29) und *Grippe und Grippeschutzimpfung* (Seite 40).

EINEN VORTRAG ABSCHLIESSEN

Die Zusammenfassung Ihres Vortrags ist das Finale Ihrer Präsentation. Der letzte Eindruck bleibt
im Gedächtnis haften (vgl. Infokasten auf Seite 41). Sie sollten
daher auch die mündliche Gestaltung sorgfältig planen:

- Signalisieren Sie bereits bevor
  Sie den Vortrag abschließen,
  dass Sie nun zum Ende kommen.
- Wiederholen Sie nicht noch
  einmal Ihre ganze Präsentation, sondern zählen Sie nur
  die Hauptpunkte Ihres Vortrags
  auf.
- Als Spezialist/in für das Thema
  könnten Sie abschließend eine
  eigene Bewertung der darge-
  stellten Fakten geben.
- Bei Ihren Argumenten oder
  Informationen sollte ein Span-
  nungsbogen erkennbar sein.
  Fangen Sie mit einem wichtigen
  Punkt an und hören Sie mit dem
  wichtigsten auf.
- Wenn Sie am Ende noch einmal
  auf den Anfang zurückkommen,
  wirkt Ihr Vortrag „rund": Z. B.
  können Sie die Antwort auf
  eine Frage geben, die Sie am
  Anfang gestellt haben.

DIE ZUHÖRER VERABSCHIEDEN

Sie haben Ihre Zuhörer begrüßt,
daher sollten Sie sie auch verabschieden. Diese Verabschiedung gehört nicht auf die Folie.
Vielmehr sollten Sie die Zuhörer
mündlich verabschieden.

Einen vollständigen Vortrag halten

1 Ergänzen Sie auf einem gesonderten Blatt Papier die Folie 2 (Inhaltsübersicht) für Ihren Vortrag über die Neumayer-Station III (Seite 46).

2 Ergänzen Sie auch noch Ihre Vortragsnotizen für diese Folie.

3 Übertragen Sie die Folien von Seite 46 und die Inhaltsfolie von Aufgabe 1 auf ein Blatt der Größe A4 oder größer. Wenn Sie die Möglichkeit haben, können Sie die Folien auch mit einem Präsentationsprogramm erstellen.

4 Arbeiten Sie zu zweit: Teilen Sie den Vortrag auf und notieren Sie, wer welchen Teil präsentiert.

Folie 1–3: ....

Folie 4–6: ....

5 Präsentieren Sie diese Teile vor Ihrer Partnerin / Ihrem Partner. Übernehmen Sie anschließend die jeweiligen Teile der Partnerin / des Partners.

6 Gehen Sie jetzt in Gruppen zu vier Personen zusammen und präsentieren Sie den Vortrag vor einer der Gruppen. Die Zuhörer füllen während Ihres Vortrags den Evaluationsbogen auf Seite 56 mit Bleistift aus.

7 Beurteilen Sie selbst, was bei Ihrem Vortrag gut und nicht so gut war. Bitten Sie dann die anderen Gruppenmitglieder um ihre Bewertung.

Gut: ....

....

Nicht so gut: ....

....

8 Lassen Sie sich die Evaluationen der Zuhörer geben und zeichnen Sie die Ergebnisse farbig in Ihrem Evaluationsbogen ein. Wenn Sie schon andere evaluiert haben, können Sie diese Eintragungen jetzt ausradieren. Stimmen die Ergebnisse der Zuhörer mit Ihren eigenen Einschätzungen überein? Sprechen Sie in der Gruppe darüber.

9 Üben Sie zunächst zu zweit und dann in einer größeren Gruppe auch die Vorträge *Ebbe und Flut* (Seite 29) und *Grippe und Grippeschutzimpfung* (Seite 40).

EINEN VORTRAG ALS GANZES PRÄSENTIEREN

Ihre Zuhörer sind auch Zuschauer. Achten Sie daher nicht nur auf sprachliche, sondern auch auf nichtsprachliche Elemente:

- Ziehen Sie neutrale, jedoch formale Kleidung an, in der Sie sich wohlfühlen. Ihre Kleidung sollte nicht vom Vortrag ablenken.
- Achten Sie auf Ihre Hände. Vor der Brust verschränkte Arme oder in die Hosentaschen gesteckte Hände vermitteln den Eindruck von Unsicherheit.
- Sie können Ihre Worte mit sparsamer Gestik unterstreichen.
- Halten Sie Blickkontakt zu Ihrem Publikum. Sehen Sie nicht dauernd in Ihre Vortragsnotizen.

Sprechen Sie nicht zu schnell. Ihr Publikum ist Ihnen dankbar dafür, dass Sie langsam und laut sprechen. Achten Sie aber auf die Zeit, die für Ihren Vortrag zur Verfügung steht. Sie sollten möglichst nicht länger sprechen. Dass Sie aufgeregt und nervös sind, ist natürlich. Je öfter Sie Ihre Präsentation vorher geübt haben, desto schneller wird sich die Nervosität legen, weil Sie bereits wissen, dass Sie Ihr Thema gut präsentieren können.

TIPP

Nehmen Sie Ihren Vortrag auf, z. B. mit Ihrem Smartphone. So können Sie sich selbst kontrollieren. Anfangs ist es ungewohnt und unangenehm, die eigene Stimme zu hören. Sie werden sich aber schnell daran gewöhnen.

Wortschatz wiederholen und erweitern

1 *Medien ankündigen und erklären*: Welche Satzteile passen zusammen? Verbinden Sie die passenden Teile.

Die Legende des Diagramms besagt, dass   sich die Forschungsstationen mit dem Eis bewegen.

Die nächste Grafik veranschaulicht, dass   Sie zeigen die arktischen Wetterbedingungen.

Sehen Sie sich die Zahlen am unteren Bildrand an: sich die Zahlen auf die Jahre 2000 bis 2014 beziehen.

Die Bilderserie zeigt,   das die Bereiche der Forschungsstation verdeutlicht.

Als Nächstes zeige ich Ihnen ein Bild,   wie die Station nach und nach angehoben wird.

2 *Zuhörer begrüßen und verabschieden*: Ordnen Sie die Redewendungen zu. Markieren Sie *Begrüßungsformeln* mit Gelb und *Verabschiedungsformeln* mit Rot.

> Vielen Dank für Ihre Aufmerksamkeit.

> Bevor ich mit meinem Vortrag beginne, möchte ich mich zunächst einmal vorstellen: ...

> Ich hoffe, dass Sie viele nützliche Informationen mitnehmen können.

> Lassen Sie mich kurz erklären, warum ich für diesen Vortrag ausgewählt wurde: ...

> Mein Name ist Sarah Schneider. In den nächsten 20 Minuten werde ich Ihnen erklären, ...

> Damit komme ich zum Ende meines Vortrags. Für Fragen stehe ich Ihnen jetzt gerne zur Verfügung.

> Vielen Dank, dass Sie so zahlreich erschienen sind.

3 *Die Aufmerksamkeit der Zuhörer lenken*: Was sagen Sie in den folgenden Situationen? Notieren Sie Ihre Antworten. Verwenden Sie Redemittel aus der Liste auf Seite 80.

> Auf Ihrer Folie zeigen Sie die Grafik rechts. Was sagen Sie, um die Aufmerksamkeit der Zuhörer auf die wesentlichen Informationen der Grafik zu lenken?

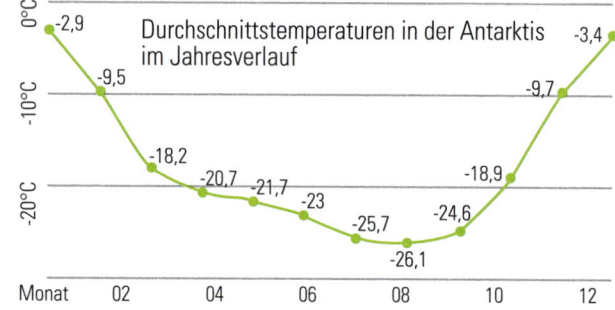

> Sie möchten mit der Infografik von Seite 44 erklären, was das Besondere an der Neumayer-Station III ist. Mit welchen Worten lenken Sie die Aufmerksamkeit der Zuhörer?

> Sie möchten Ihr Publikum in der Grafik von Seite 24 auf die Zeitspanne zwischen Ebbe und Flut hinweisen.

Arbeitstechniken wiederholen

1 Ergänzen Sie den Text.

Infokästen Seite 49–52

Zu Beginn des Vortrags (1) .... Sie Ihre Zuhörer, stellen sich vor und nennen den (2) ....

Ihres Vortrags. Informieren Sie ganz kurz über das (3) .... und das Ziel Ihres Vortrags.

Während der Präsentation lenken Sie die Aufmerksamkeit des Publikums, indem Sie die (4) .... des

Vortrags transparent machen. Bilder oder andere (5) .... kündigen Sie Ihrem Publikum an. Machen

Sie dabei immer sofort den (6) .... zu Ihrem Vortrag klar.

Signalisieren Sie rechtzeitig, dass Sie zum (7) .... kommen. Wiederholen Sie dann nur die

(8) .... Ihres Vortrags. Denken Sie dabei an den (9) .... und be-

ginnen und enden Sie mit einem wichtigen Punkt.

2 Wie sollten Sie sich bei Ihrem Vortrag verhalten? Kreuzen Sie an.

Infokasten Seite 53

a Während Ihres Vortrags ...
> sollten Sie möglichst oft das Publikum ansehen. ○
> sind längere Phasen, in denen Sie in die Vortragsnotizen blicken, unvermeidbar. ○

b Ihre Kleidung ...
> sollte modisch aktuell sein. Langweilige Kleidung lässt auf einen langweiligen Vortrag schließen. ○
> sollte bequem und formell sein. Sie sollte auf keinen Fall von Ihrem Vortrag ablenken. ○

c Die Position der Hände ...
> sollte offen wirken. Die Gestik sollte sparsam das, was Sie sagen, unterstützen. ○
> ist eigentlich egal. Das Publikum schaut ja auf die Folien, nicht auf die Hände. ○

d Die Sprechgeschwindigkeit ...
> hängt davon ab, wie viel Zeit man Ihnen für den Vortrag zur Verfügung stellt. ○
> sollte nicht zu schnell sein. Wenn Sie nicht viel Zeit haben, müssen Sie den Inhalt anpassen. ○

3 Lesen Sie die folgenden Argumente für ein Praktikum auf der Neumayer-Station III. In welcher Reihenfolge sollten Sie in einer Zusammenfassung vorkommen? Gewichten Sie die Argumente und ordnen Sie sie auf dem Zeitstrahl an.

Infokasten Seite 52

| 1 Das Leben dort ist eine Erfahrung, die man nur einmal machen kann. | 2 Man kann in der Station mit interessanten Leuten zusammenleben. | 3 Die speziellen Experimente kann man nirgendwo sonst machen. | 4 Die Mitarbeit in der Station ist eine gute Referenz für die eigene Karriere. | 5 Der Kontakt mit den Wissenschaftlern hilft, sich selbst zu entwickeln. |

□   □   □   □   □

Präsentationen evaluieren

Benutzen Sie diese Bewertungen, um sich gegenseitig zu helfen. Verstehen Sie Kritik als Hilfe! Wenn Sie nicht kritisieren, helfen Sie nicht. Wenn Sie nicht kritisiert wurden, hat Ihnen niemand geholfen.

a Nonverbaler Auftritt

> Körperhaltung und Gestik
angespannt und verschlossen   1   2   4   5   freundlich und offen

> Sprechtempo
zu schnell und undeutlich   1   2   4   5   langsam, klar und deutlich

> Blickkontakt zum Publikum
meistens Blick in die Notizen   1   2   4   5   meistens Blick zum Publikum

b Struktur der Präsentation

> Hauptaussage(n)
Hauptaussage(n) unklar   1   2   4   5   Hauptaussage(n) klar

> Gesamtgliederung
logische Gliederung unklar   1   2   4   5   logische Gliederung klar

> Einsatz von Bildern und Grafiken
Medien überflüssig; Dekoration   1   2   4   5   Medien unterstützen die Aussagen

c Sprachliche Gestaltung

> Begrüßung des Publikums
nicht angemessen   1   2   4   5   freundlich und angemessen

> Inhaltsübersicht
entspricht nicht wirklichem Inhalt   1   2   4   5   realistischer Eindruck vom Inhalt

> Übergang zur nächsten Folie
Inhalt der nächsten Folie unklar   1   2   4   5   geschickte Führung der Zuhörer

> Beschreibung von Grafiken/Bildern
trotz Beschreibung unverständlich   1   2   4   5   gute Hilfe zum Verständnis

> Abschluss des Vortrags
Nennung unwesentlicher Punkte   1   2   4   5   eindrucksvolle Zusammenfassung

d Allgemeine Bewertung

> Das könnte verbessert werden: ....   > Das war gut: ....

....

....

Windel oder PC? · Neuro-Enhancement

Streiten führt zu keinem Ziel.
Diskutieren schon.

DAS LERNEN SIE

- Über den Zweck von Diskussionen nachdenken
- Zielgerichtet diskutieren
- Regeln bei einer Diskussion einhalten
- Sich in einer Diskussion behaupten
- Gesprächspartnern widersprechen
- Eigene Argumentation berichtigen
- Interkulturelle Aspekte einer Diskussion berücksichtigen
- Standardformulierungen verwenden
- Sachlich diskutieren
- Polemik erkennen
- Argumente recherchieren
- Eine Debatte führen

Einstieg

1 **Sehen Sie die Bilder an. An welcher Diskussion würden Sie am liebsten teilnehmen? Notieren Sie eine kurze Begründung.**

....

....

2 **Versuchen Sie, die folgenden Begriffe den Bildern zuzuordnen.**

☐ Streit   ☐ Argumente   ☐ informelle Diskussion
☐ Regeln   ☐ Widerspruch   ☐ formelle Debatte

3 **Was kann das Ziel einer Diskussion sein? Notieren Sie Ihre Idee in einem Satz und vergleichen Sie im Kurs.**

....

....

Im akademischen Kontext diskutieren

1   Mit wem und worüber diskutieren Sie? Notieren Sie diese Anlässe.

– mit Freunden: über Freizeitgestaltung

– mit

2   Markieren Sie, welche Ihrer genannten Diskussionen nicht privat sind.

3   Lesen Sie die Diskussionsziele und ordnen Sie sie den Anlässen zu. Einige passen zu mehreren Anlässen.

Meinungsaustausch   Verständnisfragen   Verständigung über weitere Zusammenarbeit

Zusatzinformationen geben   Modifikation von Ausführungen   eigene Meinung präsentieren

offen Kritik üben   Vorbereitung einer Entscheidung   die Meinung der anderen kennenlernen

Ansichten aus anderen Fachdisziplinen zu dem Thema verstehen

Anlass	Ziele
Diskussion nach einer Präsentation	Modifikation von Ausführungen –
Diskussion in einer Arbeitsgruppe	Meinungsaustausch –
Podiumsdiskussion	Meinungsaustausch –

4   Haben Sie bereits einmal – als Zuhörer/in oder als Diskutierende/r – an einer Diskussion in einem deutschsprachigen Land teilgenommen? Was war merkwürdig? Berichten Sie im Kurs.

Regeln für Diskussionen im akademischen Umfeld kennenlernen

1   Lesen Sie die Tipps für eine akademische Diskussion. Bewerten Sie die Wichtigkeit der Tipps für Sie: Tragen Sie eine *0* für *unwichtig*, eine *1* für *wichtig* oder eine *2* für *sehr wichtig* in die Kästchen ein.

☐ Informieren Sie sich gründlich über das Thema der Diskussion.

☐ Sehen Sie den Sprecher an.

☐ Notieren Sie Argumente, die Ihre Diskussionsgegner vorbringen könnten.

☐ Überlegen Sie, wie Sie die Argumente Ihrer Gegner entkräften könnten.

☐ Bringen Sie nur Argumente vor, von denen Sie selbst überzeugt sind.

☐ Notieren Sie Argumente, die Ihre Meinung zu dem Thema unterstützen.

☐ Bleiben Sie sachlich: Verletzen Sie niemanden mit Ihren Argumenten.

☐ Unterbrechen Sie niemanden und lassen Sie sich nicht unterbrechen.

☐ Wenn Sie selbst sprechen, sehen Sie nicht auf den Boden oder auf Ihre Notizen: Sehen Sie die anderen Diskussionsmitglieder an.

☐ Gehen Sie in Ihrer Antwort auf das vorher Gesagte ein. Diskutieren bedeutet nicht, dass jeder nur seine Argumente sagt und die Argumente des anderen ignoriert.

☐ Versuchen Sie, ein Ergebnis zu erreichen. Wenn aber alle auf ihrer Meinung beharren und keine Übereinkunft erreicht werden kann, streben Sie einen Kompromiss an. Bei einem Kompromiss gibt jeder in seiner Position ein bisschen nach.

> **REGELN BEI EINER DISKUSSION EINHALTEN**
>
> Eine Diskussion im privaten Bereich erscheint oft regellos. Sie wird manchmal von Emotionen geleitet. Dann ist es schwer, zu einem Ergebnis zu kommen. Bei akademischen Diskussionen im deutschsprachigen Raum sollten Sie emotionale Aspekte möglichst unterdrücken und versuchen, die Regeln für eine sachliche Diskussion einzuhalten.

2   Welche der Regeln würde man in Ihrem Heimatland so nicht formulieren?

....

3   Gibt es Regeln, die in Ihrer Kultur bei Diskussionen wichtig sind? Notieren Sie diese Regel(n).

....

....

....

4   Haben Sie schon mit Angehörigen aus anderen Kulturen gesprochen oder sogar diskutiert? Mit welchen Nationen ist eine Diskussion aus kulturellen Gründen schwierig für Sie? Begründen Sie Ihre Aussage.

....

....

....

Rederecht einfordern und Rede unterbrechen

 1 **Hören Sie Ausschnitte aus verschiedenen Diskussionen und ordnen Sie die folgenden Sätze den passenden Hörbeispielen zu.**

Hörbeispiel 1   Moment! Moment! Jetzt bin ich dran!

Hörbeispiel 2   Jetzt rede ich mal, jetzt zitiere ich Sie mal.

Hörbeispiel 3   Ja, warten Sie mal. Das ist ja so nicht richtig.

Hörbeispiel 4   Darf ich da mal kurz dazwischengehen ...

Hörbeispiel 5   Jetzt lassen Sie mich doch mal reden!

Hörbeispiel 6   Dann aber ich!

Hörbeispiel 7   Ich möchte Ihnen eine Frage stellen: ...

> **SICH IN EINER DISKUS-SION BEHAUPTEN**
>
> Im deutschen Kulturkreis ist es in einer Diskussion oft üblich, Gesprächsteilnehmer zu unterbrechen, insbesondere wenn Diskussionen sehr engagiert geführt werden. Der Unterbrochene versucht jedoch meist genauso engagiert, sein Rederecht zu behaupten. Auch Sie sollten sich nicht einfach unterbrechen lassen, sondern auf Ihrem Rederecht bestehen.

2 **Mit welchen der Redemittel von Aufgabe 1 wurde in den Diskussionen ein Gesprächsteilnehmer unterbrochen? Mit welchen hat ein Gesprächspartner sein Rederecht eingefordert? Ordnen Sie in die Tabelle ein.**

Rederecht einfordern	Jemanden unterbrechen
– Moment! Moment! Jetzt bin ich dran!	

3 **Ordnen Sie auch die folgenden Redemittel in die Tabelle ein.**

Bitte unterbrechen Sie mich nicht!   Das verstehe ich jetzt aber nicht!   Sie widersprechen sich ja selbst.

Lassen Sie mich bitte aussprechen.   Da haben Sie vorher etwas ganz anderes gesagt.

Jetzt lassen Sie mich bitte zu Ende reden.   Tut mir leid, aber da muss ich jetzt mal etwas dagegen sagen: ...

Einen Augenblick. Jetzt sage ich den Satz noch zu Ende und dann dürfen Sie.   Das stimmt doch gar nicht!

 4 **Hören Sie noch einmal Hörbeispiel 2. Mit welchem nonverbalen Mittel behauptet die Frau ihr Rederecht?**

Widersprechen und zustimmen

1 Schreiben Sie mithilfe der angegebenen Wörter korrekte Sätze und markieren Sie die Sätze, die einen Widerspruch ausdrücken, mit *W* und die Sätze, die eine Zustimmung ausdrücken, mit *Z*.

a   dass – einem – ~~erst~~ – haben –~~ich~~ –in – ~~ja,~~ – ~~mal~~ – recht – ~~sagen,~~ – Sie – Teilbereich – ~~würde~~   ☐

Ja, ich würde erst mal sagen,
....

b   aber – das – doch – kann – man – nicht – sagen – so   ☐

....

c   da – energisch – ich – mal, – Moment – muss – widersprechen   ☐

....

d   doch – dreimal – gegeben – habe – ich – Ihnen – recht – schon   ☐

....

e   auf – bin – da – voll – ich – Ihrer – Seite   ☐

....

2 Hören Sie jetzt die Hörbeispiele 8–12 und kontrollieren Sie Ihre Antworten.

3 Welchen der Sätze finden Sie eher höflich, welchen eher unhöflich? Schreiben Sie die Sätze innerhalb der Skala an die passende Position.

Widersprechen

höflich

Das sehe ich etwas anders!

unhöflich

So kann man das nicht sagen!   Da bin ich ganz anderer Meinung!   Das ist Unsinn!

Das glauben Sie doch selbst nicht!   Entschuldigen Sie bitte, wenn ich Ihnen widerspreche!

~~Das sehe ich etwas anders!~~   Tut mir leid, da kann ich Ihnen absolut nicht zustimmen!

Meinen Sie nicht, dass man das auch anders beurteilen könnte?

Äußerungen korrigieren und nachfragen

1 Hören Sie die Hörbeispiele 13–19. In welchem Dialog hören Sie die folgenden Sätze? Ordnen Sie zu.

☐ Vielleicht habe ich mich nicht ganz eindeutig ausgedrückt.

☐ Können Sie Ihre etwas komplizierten Ausführungen noch mal mit anderen Worten auf den Punkt bringen, bitte?

☐ Ich muss mich vielleicht an einer Stelle korrigieren.

☐ Was ich vorhin gesagt habe, war vielleicht an einer Stelle missverständlich.

☐ Da habe ich mich vielleicht missverständlich ausgedrückt.

☐ Habe ich Sie richtig verstanden …

☐ Sie meinen also, …

2 Wie korrigieren Sie Äußerungen, wie fragen Sie nach? Ordnen Sie die folgenden und die Redewendungen von Aufgabe 1 in die Tabelle ein.

So habe ich das nicht gemeint.   Da möchte ich dann doch noch mal modifizieren, was ich gesagt habe.

Was verstehen Sie unter …?   Entschuldigen Sie bitte, wenn ich unterbreche, aber ich hätte dazu eine Frage.

Sie sind also der Meinung, dass …   Erlauben Sie bitte, dass ich da noch mal nachfrage: …

So war das nicht gemeint. Lassen Sie es mich noch einmal sagen.   Darf ich eine Zwischenfrage stellen?

Erlauben Sie bitte, dass ich da noch mal nachfrage.   Ich möchte da gerade mal nachhaken: …

Intention	Redemittel
Äußerungen korrigieren	*Vielleicht habe ich mich nicht ganz eindeutig ausgedrückt!*
Nachfragen	

Im interkulturellen Kontext diskutieren

1 Woran merkt ein Sprecher in Ihrer Kultur, dass er in einem Gespräch
etwas sagen darf (Sprecherwechsel)?

....

....

2 Hören Sie noch einmal die Hörbeispiele 1, 2 und 16. Es gibt drei verschiedene Arten, wie der Sprecherwechsel erfolgt. Benennen Sie sie.

> ....

> ....

> ....

3 Suchen Sie Argumente für und gegen die folgende Behauptung.

Nach dem Abschluss des Studiums sollten ausländische Studierende erst einige Zeit im Gastland arbeiten, um Dankbarkeit für die kosten- lose Ausbildung zu zeigen, bevor sie ins Heimatland zurückkehren.	
für (pro)	gegen (contra)
....	....
....	....
....	....

INTERKULTURELLE ASPEKTE EINER DISKUSSION BERÜCK-SICHTIGEN

Um erfolgreich an einer Dis-
kussion teilzunehmen, müssen
Sie nicht nur über sprachliche
Kompetenz verfügen, sondern
auch über eine interkulturelle
Kompetenz, denn es gibt für
Diskussionen nicht nur sprach-
liche, sondern auch kulturelle
Regeln:
- Sprecherwechsel: Wann
  dürfen Sie die Rolle des
  Sprechers übernehmen?
- Blickkontakt: Wohin sehen
  Sie, wenn Sie sprechen?
- Lautstärke: Wie laut sollten
  Sie sprechen?
- Andere nonverbale Signale:
  Gestik, Mimik und Abstand
  zum Gesprächspartner ver-
  mitteln die Emotionalität des
  Gesagten.

Auch diese Faktoren bestimmen, wie die Argumente selbst,
den Verlauf einer Diskussion.

4 Bilden Sie Gruppen zu zweit, möglichst mit Teilnehmern aus verschiedenen Kulturkreisen. Sprechen Sie über
das Thema von Aufgabe 3. Eine Person vertritt die Pro-, die andere Person die Contra-Position. Versuchen
Sie, sich mithilfe der Redemittel von Seite 60 bewusst zu unterbrechen, auch wenn das in Ihrem Kulturkreis
unhöflich ist. Wechseln Sie nach einiger Zeit die Partnerin / den Partner.

5 Wie fühlen Sie sich, wenn Sie Ihre Partnerin / Ihren Partner unterbrechen?

....

....

6 Bilden Sie Gruppen zu dritt. Zwei sprechen über das Thema von Aufgabe 3, die dritte Person ist Beobachter.
Unterbrechen Sie sich nicht, sondern warten Sie, bis der andere Gesprächspartner Ihnen Gelegenheit gibt, zu
sprechen. Die dritte Person beobachtet und notiert in der Tabelle Signale für den Sprecherwechsel.

	Kulturkreis	verbale Signale	nonverbale Signale
Redner 1			
Redner 2			

Windel oder Computer – Frauen vor der Wahl

Das Rollenbild der Frau, die sich um die Kinder kümmert, und das des Mannes, der von morgens bis abends Geld für die Familie verdient, wankt nicht nur, sondern ist schon gestürzt. Auch Frauen machen mehr und mehr Karriere und bekommen Kinder, wenn überhaupt, immer später. Die Folge ist eine Abnahme der Bevölkerungszahl der Deutschen. Sollten also die Frauen besser zu Hause bleiben und Kinder kriegen, statt Karriere zu machen? Lesen Sie hier die Pro- und Contra-Debatte.

Contra

Das Bild von der Rolle der Frau, die nach der Geburt eines Kindes zu Hause bleibt, um sich nur noch um die Kinder zu kümmern, ist nicht nur von gestern, sondern von vorgestern. Frauen sind inzwischen ebenso
5 gut ausgebildet wie Männer. Ja, Frauen liegen sogar bei Universitätsabschlüssen vorn: Über 50 Prozent der Absolventen sind weiblich. Sollen diese gut ausgebildeten Frauen auf eine Karriere verzichten, weil sie ein
10 Kind haben möchten? Oder anders gefragt: Kann Deutschland es sich überhaupt leisten, auf diese qualifizierten Arbeitskräfte zu verzichten, nachdem der Staat zunächst viel Geld
15 in deren Ausbildung investiert hat?
Man sieht: Schon die Fragestellung ist falsch. Windel oder Computer dürfen keine Alternative sein. Vielmehr muss die Gesellschaft sicherstellen, dass
20 Frauen beides möglich ist: die Gründung einer Familie und die Karriere im Beruf.
Die Maßnahmen zur Unterstützung der berufstätigen Frauen sind lange nicht ausreichend. Die Statistik
25 zeigt, dass Frauen nach wie vor große Opfer für die Familie bringen: Sowohl in Universitäten als auch in Unternehmen ist der Anteil der Frauen in mittleren oder höheren Positionen wesentlich geringer als der von Männern. Man kann vermuten, dass viele Frauen
30 nach der Geburt von Kindern für die Familie immer noch auf eine Karriere verzichten.
Solange also in der Gesellschaft die Meinung vorherrscht, dass die Mutter das Beste für das Kind sei, und solange keine Strukturen für berufstätige Mütter
35 geschaffen werden, die es leichter machen, Kinder während der Arbeitszeit betreuen zu lassen, so lange werden viele gut ausgebildete Frauen auf Kinder verzichten. Die niedrige Geburtenrate ist kein Problem, das von den Frauen allein gelöst werden kann, sondern nur von der Gesamtgesellschaft.

Pro

Die meisten wissen schon, was für ein Kind gut ist: In einer Umfrage stimmen 63 Prozent der Bevölkerung im Westen Deutschlands der Aussage „Ein Kleinkind wird wahrscheinlich darunter leiden, wenn die Mutter berufstätig ist." zu. Wieso glauben eigent-
5 lich moderne Pädagogen, alles besser zu wissen als die Natur seit Beginn der Menschheit?
Die Mutter ist die erste und wichtigste Bezugsperson für den Säugling. Das ist seit Urzeiten so und wird sich auch in
10 Zukunft nicht ändern, wie auch immer man versucht, eine Trennung von Säugling und Mutter zu rechtfertigen. Auch ein Vater kann nicht leisten, was einer Mutter von der Natur mitgegeben wurde.
15 Väter können sich um ihr Kind kümmern, aber sie werden nie die Beziehung schaffen können, die eine Mutter zu dem Kind hat, seitdem sie die ersten Bewegungen des ungeborenen Kindes im eigenen Leib
20 gespürt hat. Warum soll eine solche Beziehung zerbrochen werden, nur um einem sogenannten modernen Rollenbild zu entsprechen?
Häufig werden Studien zitiert, nach denen die Vereinbarkeit von Beruf und Familie in den nordischen Län-
25 dern besser organisiert sei. Diese Studien sagen jedoch nichts darüber aus, ob die Kinder in einer solchen Situation glücklicher sind – vielleicht sind noch nicht einmal die Mütter glücklicher. Egal wie gut der Alltag mit Kleinkind und Beruf organisiert ist – der Stress ver-
30 doppelt sich.
Die Statistik belegt, dass 61 Prozent der befragten Frauen sich wünschen, Kinder zu haben und in Teilzeit zu arbeiten. Dagegen ist nichts zu sagen: Berufseinstieg, nachdem die Kinder größer sind, beispielsweise
35 wenn sie zur Schule gehen. Hier sollte die Gesellschaft ansetzen und Strukturen schaffen, die Teilzeitarbeit ermöglichen. Aber die Gesellschaft sollte vermeiden, auf die Frauen Druck auszuüben, indem man ihnen einredet, nur berufstätige Mütter seien gute Mütter.

Argumente und Gegenargumente sammeln

1 Lesen Sie den Text auf Seite 64. Sammeln Sie die Pro- und Contra-Argumente aus dem Text und ergänzen Sie diese Argumente durch eigene.

Contra: Frauen sollen arbeiten gehen	Pro: Frauen sollen zu Hause bleiben
– Frauen haben die gleiche Ausbildung wie Männer.	

2 Arbeiten Sie zu viert. Tauschen Sie Ihre Argumente aus und ergänzen Sie Ihre Tabelle.

3 Bewerten Sie nun in der Gruppe die Argumente: Welche sind wichtiger (++), welche nicht so wichtig (+)?

4 Ordnen Sie nun Argumente und Gegenargumente einander zu. Bleiben am Ende Argumente übrig, für die Sie kein Gegenargument gefunden haben? Sprechen Sie darüber mit den anderen Gruppen.

Argument	Gegenargument

Redemittel für bestimmte Redeintentionen sammeln

1 Hören Sie noch einmal das Hörbeispiel 9. Die Frau sagt: „Sie vergleichen Äpfel mit Birnen." Kreuzen Sie die richtige Bedeutung an.

> Sie vergleichen etwas, das nicht zum Thema gehört.   ○
> Sie vergleichen etwas, das man nicht vergleichen kann.   ○
> Sie vergleichen etwas, das sowieso schon gleich ist.   ○

2 Tragen Sie die Redemittel der Frau von Hörbeispiel 9 in die Tabelle von Aufgabe 3 ein.

3 Ergänzen Sie die Tabelle mit den folgenden Redemitteln.

Das kann man nicht vergleichen.   Meiner Meinung nach …   Ich meine, dass …   Ich finde, dass …

Ich bin der Meinung, dass …   Ich würde sagen, dass …   Das lässt sich nicht vergleichen.

Ich glaube nicht, dass …   Bei allem Respekt, aber das kann ich mir nicht vorstellen.   Das glaube ich nicht.

Ich bin der Überzeugung, dass …   Ich stehe auf dem Standpunkt, dass …   Das ist etwas ganz anderes.

Das sind doch ganz verschiedene Dinge!   Das eine hat mit dem anderen überhaupt nichts zu tun.

Intention	Redemittel
Die Unvergleichbarkeit von Argumenten feststellen	*Das kann man nicht vergleichen. —*
Die eigene Meinung ausdrücken	
Ein Argument anzweifeln	

Unfairen Argumenten begegnen

**1   Welche der folgenden Aussagen sind sachlich (s), welche unfair (u)?
Markieren Sie die Beispiele mit s oder u in den Kästchen.**

A ☐ „Als Frau ohne Kinder können Sie zu diesem Thema eigentlich gar nichts sagen, oder?"

D ☐ „Die Statistik belegt, dass 90 Prozent der Mütter in Deutschland mit ihrer Situation zufrieden sind."

B ☐ „Sie selbst sind in der Situation einer berufstätigen Mutter. Wie würden Sie aus der Sicht einer Betroffenen dieses Argument beurteilen?"

E ☐ „Sie selbst sind eine berufstätige Mutter. Haben Sie eigentlich kein schlechtes Gewissen, wenn Sie Ihr Kind alleine lassen?"

C ☐ „Es ist ja auch klar, dass die Leistungsfähigkeit einer berufstätigen Mutter herabgesetzt ist, denn die sind ja in Gedanken bei ihren Kindern."

F ☐ „Berufstätige Mütter müssen öfter mal Rücksicht auf Kinder nehmen. Das kann für einen kleinen Betrieb schon schwierig werden."

2   Hören Sie die Hörbeispiele 23–25. Bei welcher Aufnahme gibt es eine unsachliche Äußerung und wie lautet sie? Kreuzen Sie an und schreiben Sie.

> Hörbeispiel 23   ○
> Hörbeispiel 24   ○
> Hörbeispiel 25   ○

....

....

....

3   Wie könnte man den unsachlichen Äußerungen von Aufgabe 1 begegnen? Schreiben Sie die passenden Buchstaben in die Kästchen.

☐ „Woher wissen Sie das? Haben Sie darüber Untersuchungen gelesen? Die würden mich interessieren. Vielleicht können Sie dazu etwas mehr sagen."

☐ „Jetzt wollen wir doch mal sachlich bleiben. Die Frage ist doch, ob die Kindererziehung nur die Aufgabe der Mutter sein muss. Was macht denn der Vater?"

☐ „Ich frage mich gerade, ob Männer sich dazu überhaupt äußern können. Denn die können ja noch nicht mal Kinder bekommen."

4   Welche Reaktionen passen zu den Aussagen? Ordnen Sie zu.

> Aber das haben wir noch nie so gemacht.

> Führende Wissenschaftler sind da anderer Meinung.

> Ich glaube, das sehen Sie ganz falsch.

> So ein Quatsch!

Könnten Sie uns die mal erklären, bitte?

Warum sollte man nicht mal was ändern?

Ach so? Ich bin gespannt auf Ihren Vorschlag.

Was gefällt Ihnen an meiner Erklärung nicht?

SACHLICH DISKUTIEREN

Bei engagierten Diskussionen kommt es vor, dass Argumente von einer sachlichen Ebene auf eine persönliche und unfaire Ebene abgleiten. Sie sollten sich dadurch nicht provozieren lassen:

- Argumentieren Sie nicht auf der gleichen persönlichen Ebene weiter.
- Versuchen Sie nicht, Argumente auf einer persönlichen Ebene zu widerlegen oder sich zu rechtfertigen. Ignorieren Sie diese Argumente einfach.

Stattdessen sollten Sie versuchen, die Diskussion wieder auf eine sachliche Ebene zu bringen. Manchmal hilft auch Humor.

Seien Sie auch selbst fair:

- Versuchen Sie nicht, Ihre Diskussionspartner durch Lautstärke zu übertrumpfen.
- Zweifeln Sie nicht an den Fähigkeiten Ihrer Diskussionspartner.
- Beleidigen oder bedrohen Sie Ihre Diskussionspartner nicht.

Neuro-Enhancement – Optimierung oder Gehirndoping?

Enhancement bedeutet *Verbesserung*. Neuro-Enhancement bezieht sich auf eine Verbesserung der Gehirnleistung mihilfe von Medikamenten. Sind die Pillen, die zur Verbesserung zunehmend von Studierenden genutzt werden, harmlos und einfach nur smart, wie eben auch unsere Telefone neuerdings smart sind? Oder sind sie nicht vielmehr in der Nähe von Drogen angesiedelt? Sind sie vielleicht genauso gefährlich und suchterregend wie Designer-Drogen? Lesen Sie unsere Expertenmeinungen.

Contra

Morgens eine Pille und der Tag, insbesondere die Prüfung an dem Tag, wird gut. Was sich so einfach anhört, ist sowohl ethisch als auch medizinisch und juristisch problematisch. Dennoch wird diese verharmlosend *Gehirndoping* genannte Handlungsweise von zehn Prozent der Studierenden bereits angewandt, wie in einer Studie des HIS-Instituts für Hochschulforschung herausgefunden wurde. Diese Studierenden nehmen Medikamente, Psychostimulanzien oder Aufputschmittel ein, die es erlauben, mit weniger Schlaf auszukommen, ohne dann gegen ein Gefühl der Müdigkeit ankämpfen zu müssen. Beliebt sind diese Medikamente insbesondere vor Prüfungssituationen.

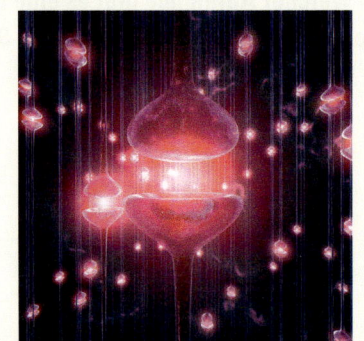

Wie ist es aber um die Fairness bestellt? Studierende, die die finanziellen Möglichkeiten haben, sich solche Mittel zu kaufen, erzielen damit vielleicht bessere Ergebnisse als die Studierenden, die darauf verzichten bzw. verzichten müssen. Sollen denn auch im akademischen Bereich – wie teilweise bei Sportveranstaltungen – Geld und Medizin darüber entscheiden, wer erfolgreich ist und wer nicht?

Zudem gibt es keine Langzeituntersuchungen über die Spätfolgen dieser Psychostimulanzien. Einiges spricht dafür, dass sie ebenso wie andere Drogen abhängig machen können. Einige Personen berichten, dass sie von dem geistigen Ausnahmezustand nur sehr schwer wieder weggekommen sind.

Und schließlich muss ganz klar festgestellt werden, dass diese Medikamente verschreibungspflichtig sind. Sie sind eigentlich für Personen gedacht, die an einem Aufmerksamkeitsdefizitsyndrom leiden. Wer sich also unter Vorspiegelung einer solchen Krankheit ein Rezept für diese Medikamente erschwindelt, handelt illegal. Ebenso, wer sich diese Medikamente unter Umgehung der Rezeptpflicht im Internet besorgt. Doping im Sport und Doping im Studium – beides sollte geächtet und bestraft werden.

Pro

Wer versucht eigentlich nicht, seine geistige Leistungsfähigkeit zu erhöhen? Sei es mit Kaffee oder Tee, mit sogenannten Energy-Drinks oder auch mit Nikotin. Niemand findet es verwerflich, wenn Studenten, um sich konzentrieren und wach bleiben zu können, am Tag mehrere Liter Kaffee trinken und eine Schachtel Zigaretten rauchen. Und schlimmer noch: Niemand findet es verwerflich, dass an den Universitäten ein solcher Leistungsdruck herrscht, der es überhaupt notwendig macht, zu solchen Soft-Doping-Mitteln zu greifen. Warum sollte jemand, der die Möglichkeit dazu hat, nicht noch einen Schritt weitergehen? Es gibt nun einmal Medikamente, die es ermöglichen, die Konzentrationsfähigkeit zu erhöhen. Mein Körper gehört mir, und wenn ich riskieren möchte, meinem Körper Schaden zuzufügen, dann sollte es mir auch nicht verboten werden. Wenn ich die Prüfung nicht schaffe und meinen Kummer dann mit Alkohol bekämpfe, gibt es auch niemanden, der fordert, dass Alkohol verboten werden sollte. Dabei sind Alkohol und Tabak Mittel, die weit größeren Schaden anrichten als Psychostimulanzien, von denen – anders als bei Alkohol und Tabak – noch nicht einmal bewiesen ist, dass sie Schaden anrichten. Immerhin sind die Mittel zur Steigerung der Konzentrationsfähigkeit zugelassene Medikamente. Die Forderung nach dem Verbot dieser Mittel ist heuchlerisch.

Auch das Argument, Gehirndoping sei unfair, ist nicht sehr schlüssig. Das Leben ist nicht fair. Wer aus einem reichen Elternhaus stammt und nicht noch neben dem Studium jobben muss, ist womöglich weniger müde und hat dadurch mehr Zeit, sich auf Prüfungen vorzubereiten. Warum sollte sich also nicht jemand, der durch die soziale Situation benachteiligt ist, mit zusätzlichen Mitteln etwas Gerechtigkeit verschaffen? Psychostimulanzien sind nicht Gehirndoping, sondern Nachhilfelehrer für das Gehirn.

Argumente bewerten

1 Lesen Sie den Text auf Seite 68 und schreiben Sie die darin enthaltenen Argumente mit eigenen Worten in die Tabelle.

Contra	Pro
1. Gehirndoping ist unfair.	4. Mein Körper gehört mir.
2.	5.
3.	6.

2 Welche Argumente aus Aufgabe 1 würden Sie als sachlich, welche als polemisch beurteilen? Überlegen Sie zu zweit und notieren Sie.

sachlich: Argument

polemisch: Argument

POLEMIK ERKENNEN

Nicht alle Argumente, die in einer Diskussion benutzt werden, sind sachlich begründet.

- Oft sind Argumente auf Behauptungen gestützt, die nicht oder nicht so schnell überprüft werden können.
- Argumente sind manchmal auch als *rhetorische Fragen* getarnt. Diese Fragen sind so gestellt, dass man zunächst nur in der von dem Fragesteller beabsichtigten Weise antworten möchte.
- Argumente scheinen manchmal sachlich zu sein, aber sie greifen eigentlich den Gegner auf einer persönlichen Ebene an. Diese Art von Argumenten nennt man *polemische Argumente*.

3 In dem Text gibt es vier rhetorische Fragen. Notieren Sie diese Fragen in der Tabelle, geben Sie die erwartete Antwort und überlegen Sie zu zweit, welche Antwort man noch geben könnte.

Rhetorische Frage	Erwartete Antwort	Mögliche Antwort
1.		
2.		
3.		
4.		

4 Welche Behauptungen aus dem Contra-Teil kann man nicht überprüfen? Welche Behauptung kann man überprüfen?

Eigene Argumente finden

1 **Auf Seite 69 in Aufgabe 4 haben Sie eine überprüfbare Behauptung gefunden. Suchen Sie die entsprechende Studie im Internet und überprüfen Sie die Behauptung. Als Suchwörter können Sie „HIS-Institut für Hochschulforschung" und „Gehirndoping" eingeben.**

> Die Behauptung ist richtig. ◯
> Die Behauptung ist falsch. ◯

2 **Suchen Sie in dieser Studie nach Argumenten für und gegen Neuro-Enhancement. Notieren Sie Zahlen aus der Studie, die Ihre Argumentation unterstützen können oder die die Gegenseite benutzen könnte.**

3 **Suchen Sie im Internet nach weiteren Informationen und Argumenten für und gegen Neuro-Enhancement. Sie können auch in Ihrer Muttersprache suchen. Notieren Sie die Argumente in einem Assoziogramm. Benutzen Sie ggf. ein gesondertes Blatt Papier.**

ARGUMENTE RECHERCHIEREN

Neben der sprachlichen Vorbereitung ist eine gute Kenntnis des zu diskutierenden Themas unerlässlich. Bevor Sie sich auf eine Pro-Contra-Diskussion einlassen, sollten Sie sich daher einen Überblick über mögliche Argumente *dafür* und *dagegen* verschaffen. Das bedeutet, Sie sollten nicht nur die Argumente für Ihre eigene Position kennen, sondern auch mögliche Argumente der anderen Seite.

TIPP

Über die Arbeit mit Assoziogrammen können Sie im Band *Campus Deutsch – Lesen*, Seite 61, mehr erfahren.

hilft, sich besser konzentrieren zu können

Unter amerikanischen Studenten weit verbreitet

Pro

Neuro-Enhancement

Contra

Nebenwirkungen nicht klar

4 **Arbeiten Sie zu zweit: Vergleichen Sie Ihre Assoziogramme und formulieren Sie daraus Pro- und Contra-Argumente. Benutzen Sie ggf. ein gesondertes Blatt Papier.**

– Pro: Bei der Vorbereitung von Prüfungen kann man sich damit besser konzentrieren.

– Contra: Man kennt die Nebenwirkungen nicht genau.

Strukturiert debattieren

1 Bilden Sie Gruppen zu je sechs Personen. Drei Personen übernehmen die Argumentation für die Pro-, drei für die Contra-Seite. Das Thema lautet: *Sollte Neuro-Enhancement erlaubt werden?* Vergleichen Sie Ihre Argumente pro und contra und überlegen Sie, welche drei Argumente Sie vortragen möchten. Wählen Sie auch ein polemisches Argument.

2 Tragen Sie Ihre Argumente in die Tabelle ein und beachten Sie auch die Wichtigkeit und die Reihenfolge, in der Sie die Argumente vortragen möchten.

Reihenfolge	Argument
Argument 1	....
Argument 2	....
Argument 3	....

EINE DEBATTE FÜHREN

Bei einer Debatte sitzen sich die Vertreter der verschiedenen Meinungen gegenüber. Die Kontrahenten kommen abwechselnd zu Wort und haben so Gelegenheit, ihre Positionen darzulegen und die Argumente der anderen Partei zu widerlegen.

TIPP

Lesen Sie noch einmal den Infokasten auf Seite 52: Hinweis zu der Reihenfolge der Argumente.

3 Setzen Sie sich nun in den 6er-Gruppen gegenüber. Die, die Argumente *dafür* formuliert haben, beginnen. Tragen Sie Ihr erstes Argument vor. Sie können dafür die Redemittel von Seite 82 benutzen.

4 Jetzt erwidert die Gegenseite: Wiederholen Sie zunächst das Argument, das Sie gehört haben, und versuchen Sie dann ein Gegenargument zu formulieren. Tragen Sie danach das erste Argument der Contra-Seite vor.

5 Die/Der zweite Redner/in der Pro-Seite verfährt wie in Aufgabe 4.

6 Wenn die Debatte beendet ist, überlegen Sie gemeinsam, welche Argumente sehr stark waren und nicht widerlegt werden konnten. Überlegen Sie gemeinsam, ob es doch Gegenargumente gibt.

7 Wie ist Ihre Meinung zu dem Thema jetzt? Haben Sie Ihre Meinung geändert? Notieren Sie, wie Sie jetzt über das Thema denken, und begründen Sie Ihre Meinung.

Ich bin der Meinung, dass …

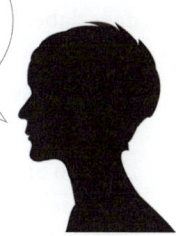

Sie meinen also, … Da bin ich ganz anderer Meinung: …

....

....

....

Arbeitstechniken wiederholen

1 Ergänzen Sie den Text.

Infokästen Seite 58

Wenn Sie mit jemandem diskutieren, verfolgen Sie ein oder mehrere (1) .... : Sie möchten vielleicht

jemanden von Ihrer Ansicht (2) .... oder Sie möchten einfach mit jemandem Ihre Meinung

(3) ...., um zu überprüfen, ob Ihre Argumente gut sind. Vielleicht möchten Sie auch ein

Problem durch den (4) .... von Argumenten lösen. Wenn die Diskussion sachlich und zielgerichtet

geführt wird, besteht die Chance, dass Personen mit zuvor (5) .... Meinungen zu einem

Ergebnis kommen, das es erlaubt, (6) .... weiterzuarbeiten.

2 Welche der folgenden Aussagen sind richtig? Kreuzen Sie an.

Infokästen Seite 60, 61

In Diskussionen im deutschsprachigen Kulturkreis …
> sollte man den Diskussionspartner häufig unterbrechen. ◯
> darf man nicht weitersprechen, wenn man unterbrochen wurde. ◯
> kann man versuchen, sein Rederecht zu behaupten. ◯
> kann man widersprechen und eine andere Meinung äußern. ◯
> sollte ein Widerspruch zusammen mit einer Alternative geäußert werden. ◯

**3 Notieren Sie nonverbale Signale, die in einer Diskussion den Gesprächs-
verlauf beeinflussen können.**

Infokasten Seite 63

....

....

**4 Welche der Entgegnungen zu den folgenden unsachlichen Argumenten ist
akzeptabel? Kreuzen Sie an.**

Infokasten Seite 67

a „Sind Sie nicht eigentlich zu jung, um mitreden zu können?"
> Es geht hier eigentlich um eine sachliche Entscheidung. Ich kann nicht sehen,
  dass dabei das Alter eine Rolle spielt ◯
> Gerade die Jungen sollten da mitreden. Für die Alten spielt das Thema ja
  keine große Rolle mehr, denn die sind ja nicht mehr lange dabei. ◯

b „Da, wo Sie herkommen, gibt es das doch gar nicht. Woher wollen Sie das denn wissen?"
> Sie waren doch noch nie da, wo ich herkomme. Woher wollen Sie also wissen,
  was es da gibt und nicht gibt? ◯
> Ich spreche nicht von meiner persönlichen Meinung. Diese Tatsache ist von
  namhaften Wissenschaftlern anerkannt. ◯

c „Wir machen das alle so. Jetzt wollen Sie das plötzlich anders machen? Das ist doch Unsinn."
> Können Sie mir bitte etwas genauer erklären, was Ihnen bei meiner Vorgehensweise
  nicht gefällt? ◯
> Wenn es schon alle falsch machen, muss ich es doch nicht auch noch falsch machen. ◯

MODERIEREN
Online-Shopping

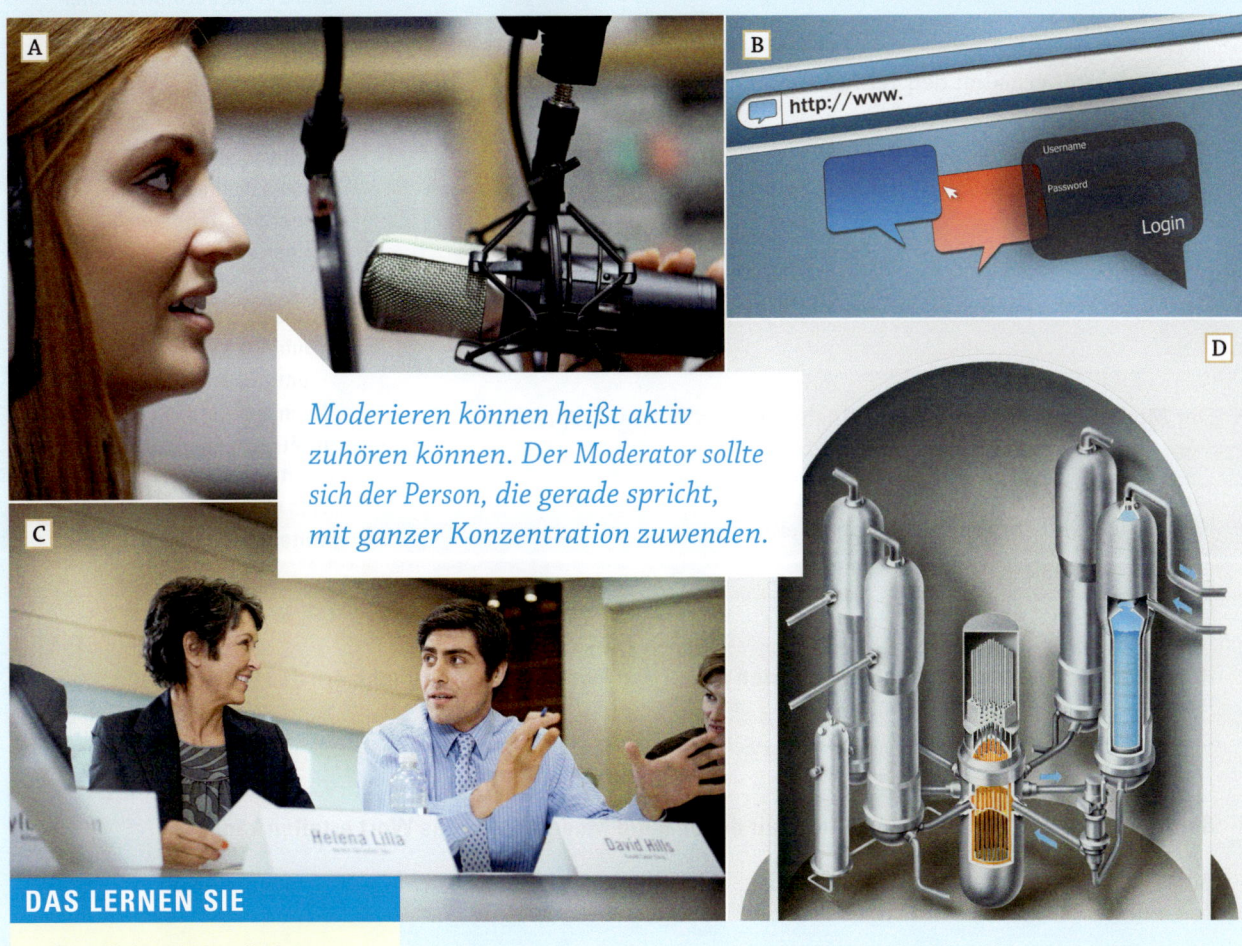

Moderieren können heißt aktiv zuhören können. Der Moderator sollte sich der Person, die gerade spricht, mit ganzer Konzentration zuwenden.

DAS LERNEN SIE

- Eine Diskussion moderieren
- Das Wort erteilen und entziehen
- Fragen stellen
- Einen Kompromiss erzielen

Einstieg

1   Zu welchem Bild passen die Beschreibungen? Ordnen Sie zu.

☐ Ein Beruf beim Rundfunk. Die Person führt durch die Sendung.

☐ Das Material bremst energiereiche Neutronen in einem Atomkraftwerk ab.

☐ In vielen Computerforen achtet diese Person darauf, dass keine Regeln verletzt werden.

2   Welche Adjektive lassen sich den verschiedenen Moderatoren auf den Bildern zuordnen? Notieren Sie.

....

3   Bild C: Welche Aufgabe hat ein/e Moderator/in bei einer Diskussion? Kreuzen Sie an.

Die/Der Moderator/in sollte ...

- die Diskussion inhaltlich leiten. ○
- die Namensschilder schreiben. ○
- das Thema der Diskussion bestimmen. ○

- Teilnehmer bremsen, die zu viel sprechen. ○
- darauf achten, dass niemand ein Handy benutzt. ○
- darauf achten, dass Regeln eingehalten werden. ○

Das Wort erteilen

 1 Hören Sie die Hörbeispiele 20–25 und ordnen Sie die Hörbeispiele den Intentionen des Moderators zu. Für eine Intention passen zwei Hörbeispiele.

> Der Moderator ermahnt den Teilnehmer, nicht unhöflich zu sein.

Track

> Der Moderator erteilt einem Teilnehmer das Wort.

> Der Moderator erlaubt einem Teilnehmer nicht weiterzureden.

> Der Moderator ermahnt einen Teilnehmer, zum Thema zu sprechen.

> Der Moderator führt ein neues Thema ein.

EINE DISKUSSION MODERIEREN

Die/Der Moderator/in einer Diskussion ist für den Gesamtablauf der Diskussion verantwortlich. Sie/Er achtet darauf,
- dass die Teilnehmer nicht vom Thema abweichen.
- dass die Redezeit der Teilnehmer ungefähr gleich lang ist.
- dass die Regeln der Höflichkeit nicht verletzt werden.
- dass sich die Teilnehmer möglichst nicht gegenseitig unterbrechen.

Wenn die Diskussion ins Stocken gerät, sorgt die/der Moderator/in mit geeigneten Fragen dafür, dass die Diskussion wieder weitergeführt werden kann.

 2 Hören Sie noch einmal. Mit welchen Worten erteilt der Moderator den Teilnehmern das Wort?

3 Schreiben Sie mit den Satzteilen Sätze, mit denen ein/e Moderator/in das Wort erteilen kann.

> Bitte, – die Meinung – Frau Schlüter – Frau Schlüter. – gerne – hören. – Ich – jetzt – möchte – von

> bitte? – die Meinung – einmal – hören, – jetzt – Können – von Frau Berg – wir

> bisher zu kurz – dass Herr Schröder – Die Uhr – einmal ausführlich – gekommen ist. – ihn – kommen – lassen. – zeigt mir, – Wir sollten – zu Wort

> auf diesem Gebiet. – darüber? – denken – Herr Greiner, – Sie – Sie – sind – Spezialist – Wie

> dazu? – Herr Sänger, – meinen – Sie – was

> bitte, – das Wort. – erteile – Frau Walter – Frau Walter, – hiermit – Ich – jetzt – können – Sie – sprechen.

Das Wort entziehen

1 Hören Sie noch einmal die Hörbeispiele 1, 22 und 24. Dort entzieht der Moderator jeweils einer Person das Wort. Welchen Satz hören Sie in welchem Hörbeispiel? Ordnen Sie zu.

☐ Frau Nölke, lassen Sie doch bitte Herrn Gruppa ausreden.

☐ Frau Schubert! Jetzt lassen Sie bitte mal Herrn Lukas reden.

☐ Moment mal, Frau Sofsky! Bitte bleiben Sie beim Thema!

2 Warum hat der Moderator das Wort entzogen? Hören Sie noch einmal die Hörbeispiele 1, 22 und 24 und ergänzen Sie die Namen der Diskussionsteilnehmer in den folgenden Sätzen.

> .... spricht nicht zum Thema.

> .... hat jemanden unterbrochen.

> .... hat schon zu lange geredet.

3 Ordnen Sie die Beispiele aus Aufgabe 1 und die folgenden Redemittel in die Tabelle ein.

Also jetzt sollte auch einmal Herr Kurz zu Wort kommen!   Stopp! Sie haben Ihre Redezeit schon lange überzogen.

So, jetzt lassen Sie bitte mal Frau Küster reden!   Bitte hören Sie jetzt einmal zu und unterbrechen Sie nicht.

Möchten Sie sich vielleicht dazu äußern?   Dafür haben wir eine Expertin in der Runde: Frau Neuhaus, bitte.

Darf ich jetzt einmal den Herrn in der Runde um ein Statement bitten?   Herr Berg, bitte.

Intention	Redemittel
Das Wort erteilen	– Also jetzt sollte auch einmal Herr Kurz zu Wort kommen!
Das Wort entziehen	

DAS WORT ERTEILEN UND ENTZIEHEN

Die/Der Moderator/in einer Diskussion hat das Recht, Teilnehmern das Wort zu erteilen, d. h. zu bestimmen, wer sprechen darf, aber auch das Wort zu entziehen, d. h. zu bestimmen, wer nicht mehr sprechen darf. Gründe dafür können u. a. sein:
- Jemand hat schon zu viel gesprochen, andere viel weniger.
- Jemand unterbricht sehr oft eine/n Redner/in.
- Jemand spricht nicht zum Thema.

Es gehört zum guten Umgang der Teilnehmer miteinander, dass man in der Regel auf die Anweisungen der Moderatorin / des Moderators hört.

Online-Shopping – das Ende der Kassenschlange?

Einkaufen scheint einfacher geworden zu sein: Kein Warten an der Kasse, keine endlosen Autofahrten zum Baumarkt vor der Stadt, keine unfreundlichen Verkäufer. Auf der anderen Seite: häufig schlechte Bezahlung der Angestellten bei den Logistik-Firmen, Vermehrung des Verpackungsmülls, Verödung der Innenstädte durch Geschäftsschließungen. Lesen Sie unsere Pro- und Contra-Kolumne und entscheiden Sie selbst über die Vor- und Nachteile von Online-Einkäufen.

Contra

Einfach hört sich die neue Online-Shopping-Welt ja an: Ich sitze bequem auf dem Sofa, vor mir mein Tablet-Computer, neben mir ein Kaffee – der Einkauf kann beginnen. Im Online-Supermarkt klicke ich mir das Mittagessen für morgen zusammen: das Gemüse, die Eier, den Braten und dann noch den schweren Wasserkasten, den ich nicht mehr schleppen muss. Danach eben schnell noch beim Online-Kaufhaus vorbeischauen und das schicke T-Shirt per Mausklick bestellen. Morgen wird alles frei Haus geliefert. Weil ich nicht mit dem eigenen Auto sämtliche Wege abfahren muss, bin ich auch ökologisch auf der positiven Seite. Ach ja, so wird es in der Werbung vorgegaukelt.

Die Realität sieht anders aus: Schnell geht fast gar nichts. Statt durch die Regalreihen meines Supermarktes zu schlendern, muss ich mich durch lange Warenlisten scrollen und ein unübersichtliches Riesenangebot vergleichen. So vergeht im Nu eine Stunde, ohne dass ich es bemerke, weil ich ja zu Hause auf dem Sofa sitze. Dann muss ich am nächsten Tag während einer langen Zeitspanne auf den Boten warten, denn wann er genau kommt, ist ungewiss. Und wie die Lebensmittel aussehen, ebenso.

Wie sieht es danach mit der Ökobilanz aus? Früher haben wir auf dem Weg nach Hause beim Supermarkt einen kurzen Stopp eingelegt und eingekauft. Heute kommt der Lieferwagen extra bei uns vorbei. Falls dann das T-Shirt doch nicht passt, wird es wieder aufwendig zurückgeschickt. Wir produzieren dabei Berge von Verpackungsmüll. Von einem ökologischen Vorteil kann keine Rede sein. Dazu kommt, dass die vertrauten Geschäfte in unsere Nähe schließen müssen, weil sie nicht mehr genug verdienen.

Und wenn der Bote den Wasserkasten in den 4. Stock geschleppt hat, ist er auch nicht mehr freundlich.

Motivation für den Online-Einkauf

Preise sind niedriger	58 %
Einkauf ist bequemer	55 %
Waren kommen nach Hause	53 %
Angebote leichter vergleichbar	50 %
Größere Produktauswahl	38 %
Kundenbewertungen vorhanden	22 %
Lieblingsmarken verfügbar	14 %
bessere Produktinformationen	11 %

Quelle: PricewaterhouseCoopers 2012

Pro

Es wird gesagt, dass Menschen im Laufe ihres Lebens fünf Jahre damit verbringen, auf etwas zu warten. Die Hoffnung besteht, dass diese Zeit etwas reduziert wird durch die wunderbaren Vorteile, die der Einkauf im Internet für uns bringt.

Inzwischen kann man über das Internet nahezu alles für den täglichen Bedarf bestellen – frische Lebensmittel, Kleidung und Bücher sowie Musik sowieso. Wer sagt, dass man durch die Online-Einkäufe sozial verarmt, verschließt die Augen vor der Realität. Einkaufen ist für viele ein notwendiges Übel. Berufstätige hetzen gewöhnlich nach Arbeitsschluss noch schnell durch den Supermarkt, um das Nötigste zu kaufen, ohne sich um soziale Kontakte zu kümmern. Genervt von der langen Schlange an der Kasse, kommt man spät und schlecht gelaunt nach Hause. Da wäre es weitaus besser, den Einkauf für den nächsten Tag am eigenen Küchentisch gemeinsam mit der Familie zu erledigen.

Aber auch für ältere Leute, die nicht mehr so mobil sind, bietet der Online-Einkauf eine Chance. Gemeinsam mit anderen in der gleichen Situation, bei einer Tasse Kaffee, macht Online-Shopping Spaß, ohne dass es zu sozialer Vereinsamung kommen muss.

Ob man sich ökologisch korrekt verhält oder nicht, lässt sich nicht so einfach klären. Am Wochenende sind die Parkplätze der Shopping-Malls vor der Stadtgrenze vollgeparkt. Diese Kunden waren sicher nicht auf dem Heimweg von der Arbeit. Dagegen steht die Autoflotte der Logistikunternehmen, deren Fahrwege durch Computerprogramme optimiert wurden.

Einverstanden: Das Problem der Verpackung ist noch nicht optimal gelöst. Mehrwegverpackungen wären wünschenswert. Da wird die Zukunft sicher noch Verbesserungen bringen.

Moderatorenfragen formulieren

1 **Lesen Sie den Text auf Seite 76. Welche der folgenden Argumente pro und contra Online-Shopping lassen sich dem Text entnehmen? Kreuzen Sie an.**

Contra

> Man findet beim Online-Shopping nicht die Produkte, die man sucht. ○
> Man spart beim Online-Shopping nicht wirklich Zeit. ○
> Durch Online-Shopping produziert man zu viel Abfall und CO_2. ○
> Kleidung, die nicht passt, kann man nicht zurückschicken. ○

Pro

> Beim Online-Shopping kann man viel Zeit sparen. ○
> Berufstätige können beim Online-Shopping neue soziale Konakte knüpfen. ○
> Online-Shopping kann bei älteren Leuten der Vereinsamung entgegenwirken. ○
> Wahrscheinlich ist Online-Shopping nicht schädlich für die Umwelt. ○

2 **Schreiben Sie mögliche Argumentationsfelder der Gegner und Befürworter in Stichwörtern auf und überlegen Sie sich Fragen, die ein Moderator in Bezug auf die Argumente stellen könnte. Verwenden Sie ggf. ein gesondertes Blatt Papier.**

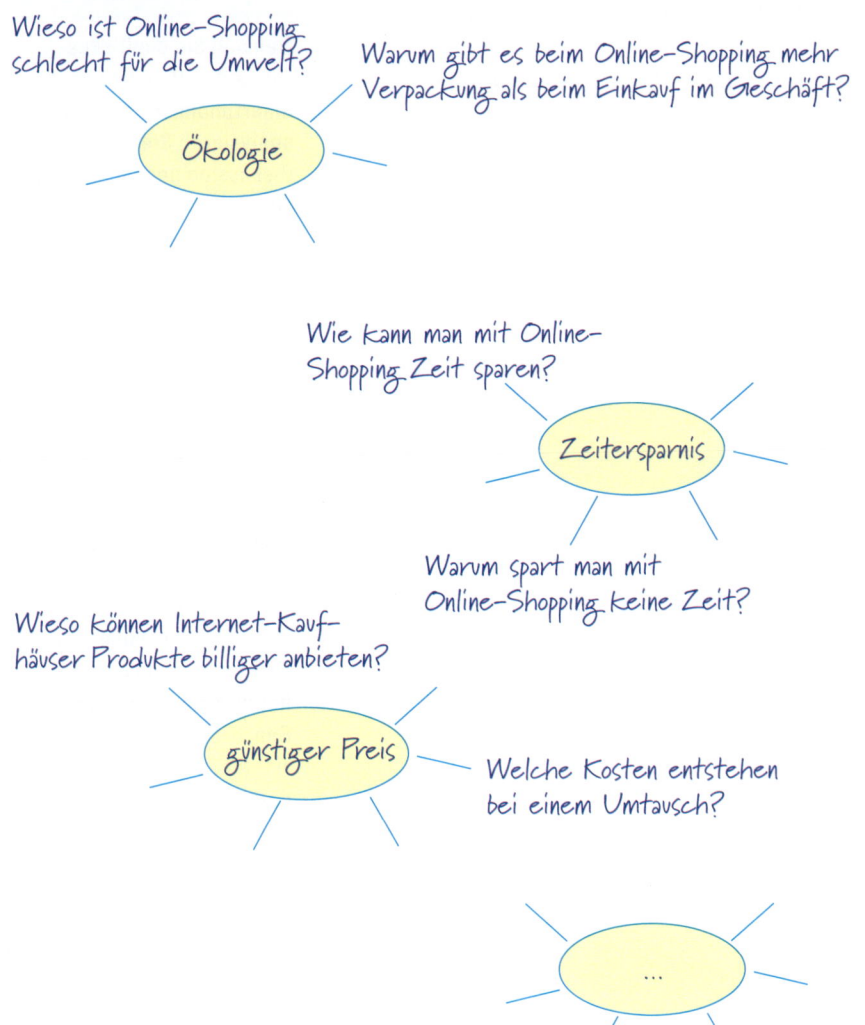

Wieso ist Online-Shopping schlecht für die Umwelt?

Warum gibt es beim Online-Shopping mehr Verpackung als beim Einkauf im Geschäft?

Ökologie

Wie kann man mit Online-Shopping Zeit sparen?

Zeitersparnis

Warum spart man mit Online-Shopping keine Zeit?

Wieso können Internet-Kaufhäuser Produkte billiger anbieten?

günstiger Preis

Welche Kosten entstehen bei einem Umtausch?

…

FRAGEN STELLEN

Eine Ihrer Hauptaufgaben als Moderator/in ist, Fragen zu stellen. Dabei sollten Sie neutral sein und weder die eine noch die andere Position bevorzugen. Als Moderator/in diskutieren Sie also nicht mit.

Versuchen Sie bei der Vorbereitung für Ihre Moderation, von Ihrer eigenen Meinung abzusehen und die Position beider Seiten einzunehmen und zu verstehen:

- Welche Argumente könnten für die jeweiligen Parteien wichtig sein?
- Welche Daten und Fakten gibt es zur Unterstützung der jeweiligen Positionen?
- Welche Fragen können Sie den Vertretern der verschiedenen Positionen stellen?

Stellen Sie nie mehr als eine Frage auf einmal.

Mithilfe eines Moderators diskutieren

1 Bilden Sie Gruppen zu fünf oder sieben Personen. Eine Person ist der Moderator, der Rest der Gruppe verteilt sich auf die Pro- und Contra-Seite. Der Moderator sitzt am Kopf des Tisches, die anderen Teilnehmer sitzen sich gegenüber. Das Thema ist: *Ist der Online-Handel der Tod der Geschäfte in der Nähe?*

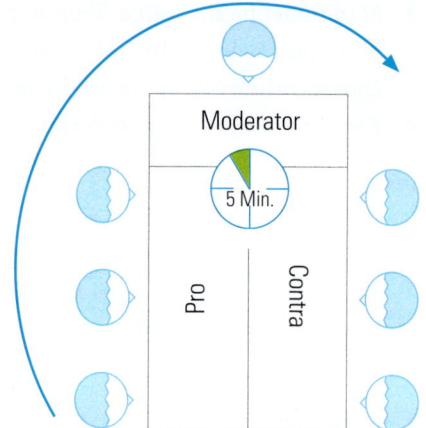

2 Schreiben Sie zunächst gemeinsam Argumente *dafür* und *dagegen* auf. Mögliche Fragen für den Moderator haben Sie schon bei Aufgabe 2 auf Seite 77 notiert.

3 Der Moderator eröffnet die Diskussion mit einer Frage an einen Teilnehmer. Diskutieren Sie 5 Minuten.

4 Wechseln Sie die Plätze im Uhrzeigersinn. Der Moderator wird Diskussionsteilnehmer auf der Contra-Seite, der oberste Teilnehmer der Pro-Seite wird Moderator und der unterste Contra-Teilnehmer wechselt auf die Pro-Seite.

5 Ordnen Sie die Redemittel in die Tabelle ein. Arbeiten Sie in den Gruppen.

Was halten Sie von diesem Vorschlag: … ?   Damit bin ich einverstanden.

Wie wäre es, wenn …   Das halte ich für eine gute Idee.

Dem kann ich zustimmen.   Könnten wir uns auf Folgendes einigen?

Wenn Sie nicht dagegen sind, könnten wir vielleicht vereinbaren, dass …

Einverstanden!   Da habe ich nichts dagegen.

TIPP

Nehmen Sie die Diskussion auf, z. B. mit einem Smartphone. Hören und analysieren Sie nach der Diskussion gemeinsam den Verlauf und sprechen Sie darüber, was Sie verbessern können.

Intention	Redemittel
Einen Kompromiss vorschlagen	– Was halten Sie von diesem Vorschlag: … ?
Einem Kompromiss zustimmen	

EINEN KOMPROMISS ERZIELEN

Bei Diskussionen, die zum Ziel haben, eine Entscheidung zu treffen, kann meistens keine Partei die eigene Position vollkommen durchsetzen. Man muss daher häufig Kompromisse schließen, d. h. jede Partei verzichtet auf einen Teil ihrer Forderungen. Beide Parteien treffen sich ungefähr in der Mitte.

6 Welchen Kompromiss könnte der Moderator vorschlagen? Fomulieren Sie einen Kompromiss in der Gruppe.

Arbeitstechniken wiederholen

1 Ergänzen Sie den Text.

Infokasten Seite 74

Ein/e Moderator/in hat verschiedene Aufgaben: Sie/Er muss darauf achten, dass die Diskussionsteilnehmer

beim (1) .... bleiben und dass die verschiedenen Teilnehmer ungefähr die gleiche

(2) .... bekommen. Außerdem ist es ihre/seine Aufgabe sicherzustellen, dass die Diskus-

sionskultur gewahrt bleibt. Das heißt, dass die Teilnehmer die Regeln der (3) ....

einhalten und sich nicht immer (4) .... Wenn die Diskussion einmal unterbro-

chen ist, sollte die/der Moderator/in durch geeignete (5) .... dafür sorgen, dass sie wieder in

Gang kommt.

2 Wie können Sie als Moderator/in auf die folgenden Äußerungen während einer Diskussion reagieren? Notieren Sie eine Antwort.

Infokästen Seite 74, 75

a „Also das ist doch so ein Quatsch! Das glauben Sie doch selbst nicht."

....

....

b „Nein, Frau Wolter. Da kann ich nicht zustimmen. Da muss ich dazwischengehen und unterbrechen!"

....

....

c „Auch wenn es nicht zum Thema gehört. Das muss ich jetzt einfach mal sagen: ..."

....

....

d (Herr Kroll hat schon 5 Minuten gesprochen.) „So, und jetzt komme ich zu einem weiteren Punkt: ..."

....

....

3 Lesen Sie die beiden Aussagen und formulieren Sie dann einen Kompromiss.

Infokasten Seite 78

„Ich bin der Meinung, dass Frauen, die Kinder haben, zu Hause bleiben sollten. Es ist einfach schlecht für Kinder, wenn die Mutter den ganzen Tag nicht da ist. Für das Geldverdienen ist der Vater zuständig, finde ich."

„Also Frauen sollten die Möglichkeit haben, so schnell wie möglich wieder zu arbeiten. Wofür gibt es Kinderkrippen? Eine qualifizierte Fachkraft muss sich doch nicht plötzlich nur um Windeln kümmern, nur weil ein Kind da ist."

....

....

....

Redemittel: Präsentieren

Medien ankündigen

Ich werde Ihnen nun einen kurzen Film zu dem Thema zeigen.

Auf dem folgenden Bild sehen Sie, wie …

Die nächste Grafik veranschaulicht, dass …

Ich zeige Ihnen als Nächstes ein Bild, das verdeutlicht, dass …

Medien erklären

Das Bild / Die Infografik ist aufgeteilt in … Teile.

In der Mitte des Bildes können Sie erkennen, dass …

Links/Rechts sehen Sie, …

Auf dem Bild sehen Sie oben/unten, …

Bitte sehen Sie sich die Zahlen auf der linken/rechten Seite an: …

Bitte sehen Sie sich die Zahlen am oberen/unteren Bildrand an: …

Die Bilderserie zeigt …

In dem Kasten wird gezeigt, …

Wie der Beschriftung/Legende zu entnehmen ist, …

In dem vergrößerten Ausschnitt ist zu sehen, dass …

Links/Rechts von … befindet sich …

Auf der linken/rechten Seite von … befindet sich …

Einen Text oder eine Person zitieren

XY sagt, dass …

Wie XY herausgefunden hat, …

Mit den Worten von XY: „…"

Ergebnisse zusammenfassen

Lassen Sie mich zum Ende noch einmal zusammenfassen: …

Ich möchte zum Schluss noch einmal die Hauptargumente nennen: …

Zusammenfassend möchte ich noch einmal die wesentlichen Punkte aufzählen: …

Ich komme jetzt zur Zusammenfassung meines Vortrags: Erstens …, zweitens …

Zum nächsten Punkt überleiten

Als Nächstes möchte ich Ihnen erklären, wie …

Das bringt mich zur nächsten Frage: …

Kommen wir zum nächsten Punkt: …

Auf der nächsten/letzten Folie, …

Auf andere Ansichten verweisen

Ich möchte darauf hinweisen, dass …

Man sollte nicht vergessen, dass …

Wichtig ist aber auch, dass …

Veränderungen beschreiben

Es gibt eine klare Tendenz nach oben/unten.

Der/Die/Das … nimmt zu/ab.

Die Zahl der … ist angestiegen / hat sich verringert.

Auf wichtige Aspekte hinweisen

Interessant bei dieser Grafik ist, dass …

Man kann hier ganz deutlich sehen, dass …

Dabei muss man beachten, dass …

Gründe angeben

Der Grund dafür ist, dass …

Der Grund für diese Entwicklung ist …

Das kommt daher, weil …

Widersprüche angeben

Im Gegensatz dazu …

Dazu steht im Widerspruch, dass …

Dem widerspricht, dass …

Argumente einschränken

Das stimmt zwar, aber …

Das ist richtig für …, aber …

Soweit bekannt ist, …

Auswirkungen angeben

Als Konsequenz ergibt sich, dass …

Die Folge davon ist, dass …

Aus diesem Grund …

Notizen

Redemittel: Diskutieren

Jemanden unterbrechen

Entschuldigung, da muss ich sofort was entgegnen.

Darf ich da kurz mal dazwischengehen: ...

Ich möchte Ihnen eine Frage stellen: ...

Das verstehe ich jetzt aber nicht.

Das stimmt doch so nicht.

Sie widersprechen sich ja selbst!

Können Sie begründen, was Sie gesagt haben?

Rederecht einfordern

Bitte unterbrechen Sie mich nicht.

Lassen Sie mich bitte aussprechen.

Einen Augenblick. Jetzt sage ich den Satz noch zu Ende und dann dürfen Sie.

Moment! Jetzt bin ich dran.

Jetzt lassen Sie mich bitte mal reden.

Widersprechen

Moment mal, da muss ich energisch widersprechen.

Aber das kann man doch so nicht sagen.

Also ich finde, so kann man das nicht machen/ sagen!

Da bin ich aber ganz anderer Meinung.

Das glauben Sie doch selbst nicht.

Tut mir leid, da kann ich Ihnen absolut nicht zustimmen!

Meinen Sie nicht, dass man das auch anders beurteilen könnte?

Entschuldigen Sie bitte, wenn ich Ihnen widerspreche!

Zustimmen

Da bin ich ganz auf Ihrer Seite.

Ich stimme Ihnen vollkommen zu.

Stimmt vollkommen.

Das ist völlig richtig.

Da will ich nicht widersprechen.

Sie haben in einem Teilbereich recht.

Äußerungen korrigieren

Was ich vorhin gesagt habe, war vielleicht an einer Stelle missverständlich.

Da habe ich mich vielleicht missverständlich ausgedrückt.

Da möchte ich dann doch noch mal modifizieren, was ich gesagt habe.

So habe ich das nicht gemeint. Lassen Sie es mich noch einmal sagen.

Ich muss mich vielleicht an einer Stelle korrigieren.

Nachfragen

Können Sie Ihre Äußerungen vielleicht noch mal auf den Punkt bringen?

Entschuldigung, ich hätte dazu eine Frage: ...

Darf ich eine Zwischenfrage stellen?

Sie meinen also, ...

Habe ich Sie richtig verstanden: ....

Die Unvergleichbarkeit von Argumenten feststellen

Sie vergleichen Äpfel mit Birnen.

Das kann man nicht vergleichen.

Das lässt sich nicht vergleichen.

Das sind doch ganz verschiedene Dinge!

Das eine hat mit dem anderen nichts zu tun.

Die eigene Meinung ausdrücken

Meiner Meinung nach ...

Ich meine, dass ...

Ich bin der Meinung, dass ...

Ich würde sagen, dass ...

Ich finde, dass ...

Ich bin der Überzeugung, dass ...

Ich stehe auf dem Standpunkt, dass ...

Ein Argument anzweifeln

Ich glaube nicht, dass ...

Das glaube ich nicht.

Bei allem Respekt, aber das kann ich mir nicht vorstellen.

Notizen

Redemittel: Moderieren

Das Wort erteilen

Also jetzt sollte auch einmal Frau/Herr ... zu Wort kommen!

Darf ich jetzt einmal Frau/Herrn ... um ein Statement bitten?

Ich möchte jetzt dazu die Meinung von Frau/Herrn ... hören.

Möchten Sie sich vielleicht dazu äußern?

Frau/Herr ..., bitte.

Was meinen Sie, Frau/Herr ... ?

Ich erteile hiermit das Wort Frau/Herrn ...

Das Wort entziehen

Stopp! Sie haben Ihre Redezeit schon überzogen.

So, jetzt lassen Sie bitte mal Frau/Herrn ... reden!

Bitte hören Sie jetzt einmal zu und unterbrechen Sie nicht.

Moment, jetzt ist Frau/Herr ... dran.

Einen Kompromiss vorschlagen

Was halten Sie von diesem Vorschlag: ... ?

Wie wäre es, wenn ...

Ich schlage folgenden Kompromiss vor: ...

Könnten wir uns auf Folgendes einigen: ... ?

Wenn Sie nicht dagegen sind, könnten wir vielleicht Folgendes vereinbaren: ...

Einem Kompromiss zustimmen

Damit bin ich einverstanden.

Einverstanden!

Dem kann ich zustimmen.

Da habe ich nichts dagegen.

Notizen

Notizen

Quellenverzeichnis

Titelbild: © Corbis/Image Source

Seite 3: von oben links: © Thinkstock/iStock, © action press/AUFWIND-LUFTBILDER, © iStock/Eraxion, © Thinkstock/iStock, © Thinkstock/iStock, © Thinkstock/Fuse

Seite 7: A © Thinkstock/Photodisc; B © Thinkstock/Stockbyte; C © Thinkstock/iStock; D © Thinkstock/iStock; E © Thinkstock/iStock; F © Thinkstock/Photodisc

Seite 8: oben von links: © fotolia/anubis3211, © Thinkstock/iStock, © Thinkstock/iStock; unten © Thinkstock/iStockphoto

Seite 9: „Blitz und Donner 1" © Thinkstock/iStockphoto; „Blitz und Donner 2" © Thinkstock/iStockphoto; „Blitz und Donner 3" © Thinkstock/iStockphoto; „Blitz und Donner 4" von links: © fotolia/Daniel Loretto; © fotolia/laurent dambie; © fotolia/kwasny221; „Blitz und Donner 5" © Thinkstock/iStockphoto

Seite 10: © Oliver Bayerlein

Seite 11: „Blitz und Donner 4" von links: © fotolia/Daniel Loretto; © fotolia/laurent dambie; © fotolia/kwasny221

Seite 13: „Blitz und Donner 2" © Thinkstock/iStockphoto; „Blitz und Donner 3" © Thinkstock/iStockphoto; „Blitz und Donner 4" von links: © fotolia/Daniel Loretto; © fotolia/laurent dambie; © fotolia/kwasny221; „Blitz und Donner 5" © Thinkstock/iStockphoto

Seite 14: „Blitz und Donner 2" © Thinkstock/iStockphoto; „Blitz und Donner 3" © Thinkstock/iStockphoto; „Blitz und Donner 4" von links: © fotolia/Daniel Loretto; © fotolia/laurent dambie; © fotolia/kwasny221; „Blitz und Donner 5" © Thinkstock/iStockphoto

Seite 15: © Oliver Bayerlein

Seite 18: © Thinkstock/iStockphoto

Seite 19: © Thinkstock/iStock

Seite 21: © action press/AUFWIND-LUFTBILDER

Seite 24: © dpa picture-alliance/Globus Infografik; Erdkugel © Thinkstock/Purestock

Seite 30: A © Thinkstock/iStock; B © iStock/KeithBishop; C © action press/AUFWIND-LUFTBILDER; D © iStock/Nickos; E © iStock/CathrynGallacher

Seite 31: Schwein © iStock/GlobalP; Virus © iStock/Eraxion; Huhn © iStock/artpipi; kranke Frau © Thinkstock/iStock

Seite 36: © dpa picture-alliance/Globus-Grafik

Seite 43: A © Thinkstock/iStock; B © U. Cieluch, Alfred-Wegener-Institut; C © Thinkstock/iStock; D © Thinkstock/iStock; E © Thinkstock/iStock

Seite 44: © dpa picture-alliance/Globus-Grafik

Seite 51: © dpa picture-alliance/Globus-Grafik

Seite 57: A © Thinkstock/iStock; B © Thinkstock/iStock; C © Thinkstock/iStock; D © Thinkstock/iStock

Seite 64: © Thinkstock/TongRo Images

Seite 68: © Thinkstock/iStock

Seite 71: © Thinkstock/iStock

Seite 73: A © Thinkstock/Wavebreak Media; B © Thinkstock/iStock; C © Thinkstock/Fuse; D © Thinkstock/Dorling Kindersley

Fit für die Uni

Campus Deutsch macht ausländische Studierende auf dem Niveau B2/C1
fit für das Fachstudium an deutschsprachigen Hochschulen. Die vier-
bändige Reihe trainiert die wesentlichen Schlüsselqualifikationen für
ein erfolgreiches Studium und vermittelt über die Sprache hinaus auch
kulturelle Techniken sowie methodische Fertigkeiten.

Campus Deutsch – Lesen:
Effektiver Umgang mit wissenschaftlichen Texten
Campus Deutsch – Präsentieren und Diskutieren:
Sachgerechtes und fesselndes Präsentieren von wissen-
schaftlichen Inhalten sowie überzeugendes Diskutieren
Campus Deutsch – Hören und Mitschreiben:
Ökonomisches Mitschreiben bei wissenschaftlichen
Vorträgen und in Besprechungen
Campus Deutsch – Schreiben:
Verständliches Schreiben von wissenschaftlichen Texten

Weitere Infos, Musterseiten, Lösungen sowie Lehrerhandbücher
als kostenpflichtiger Download unter
www.hueber.de/campus-deutsch

Campus Deutsch – Lesen
88 Seiten
ISBN 978-3-19-051003-0

**Campus Deutsch –
Präsentieren und Diskutieren**
88 Seiten mit CD-ROM
ISBN 978-3-19-201003-3

**Campus Deutsch –
Hören und Mitschreiben**
80 Seiten mit MP3-CD
ISBN 978-3-19-151003-9

Campus Deutsch – Schreiben
96 Seiten
ISBN 978-3-19-101003-4

Hueber Freude an Sprachen